DISCLAIMER

The author and publisher are providing this book and its contents on an "as is" basis and make no representations or warranties of any kind with respect to this book or its contents. The author and publisher disclaim all such representations and warranties, including but not limited to warranties of merchantability. In addition, the author and publisher do not represent or warrant that the information accessible via this book is accurate, complete, or current.

Except as specifically stated in this book, neither the author nor publisher, nor any authors, contributors, or other representatives will be liable for damages arising out of or in connection with the use of this book. This is a comprehensive limitation of liability that applies to all damages of any kind, including (without limitation) compensatory; direct, indirect, or consequential damages; loss of data, income, or profit; loss of or damage to property; and claims of third parties.

Copyright © 2022 LINGUAS CLASSICS

BESTACTIVITYBOOKS.COM

All rights reserved. No part of this book may be reproduced or used in any manner without the written permission of the copyright owner except for the use of quotations in a book review.

FIRST EDITION - Published 2022

Extra Graphic Material From: www.freepik.com
Thanks to: alekksall, Starline, Pch.vector, Rawpixel.com, Vectorpocket, Dgim-studio, Upklyak, Macrovector, Stockgiu, Pikisuperstar & Freepik.com Designers

This Book Comes With Free Bonus Puzzles
Available Here:

BestActivityBooks.com/WSBONUS20

5 TIPS TO START!

1) HOW TO SOLVE

The Puzzles are in a Classic Format:

- Words are hidden without breaks (no spaces, dashes, ...)
- Orientation: Forward & Backward, Up & Down or in Diagonal (can be in both directions)
- Words can overlap or cross each other

2) ACTIVE LEARNING

To encourage learning actively, a space is provided next to each word to write down the translation. The **DICTIONARY** allows you to verify and expand your knowledge. You can look up and write down each translation, find the words in the Puzzle then add them to your vocabulary!

3) TAG YOUR WORDS

Have you tried using a tag system? For example, you could mark the words which have been difficult to find with a cross, the ones you loved with a star, new words with a triangle, rare words with a diamond and so on...

4) ORGANIZE YOUR LEARNING

We also offer a convenient **NOTEBOOK** at the end of this edition. Whether on vacation, travelling or at home, you can easily organize your new knowledge without needing a second notebook!

5) FINISHED?

Go to the bonus section: **MONSTER CHALLENGE** to find a free game offered at the end of this edition!

Want more fun and learning activities? It's **Fast and Simple!**
An entire Game Book Collection just **one click away!**

Find your next challenge at:

BestActivityBooks.com/MyNextWordSearch

Ready, Set... Go!

Did you know there are around 7,000 different languages in the world? Words are precious.

We love languages and have been working hard to make the highest quality books for you. Our ingredients?

A selection of indispensable learning themes, three big slices of fun, then we add a spoonful of difficult words and a pinch of rare ones. We serve them up with care and a maximum of delight so you can solve the best word games and have fun learning!

Your feedback is essential. You can be an active participant in the success of this book by leaving us a review. Tell us what you liked most in this edition!

Here is a short link which will take you to your order page.

BestBooksActivity.com/Review50

Thanks for your help and enjoy the Game!

Linguas Classics Team

1 - Food #1

```
H R J N C Y R U H Y S F Ş F
M E Y V E S U Y U U Y I E Ş
L Z T A R Ç I N S E D S K A
E D G R B N S Z C Ü P T E L
E G Q M D G P M Y T T I R G
S R U U G H A V U Ç L K K A
V O P T Y H N I L D O Y P M
Q B Ğ K M S A L A T A R P A
I E B A L I K Ç İ L E K B B
G E J Y N K O L T İ T L U A
S A R I M S A K U M E R V L
B G F S Q U L A Z O P I F F
R P Q I J G N Y Y N A C M E
H F Z B F E S L E Ğ E N K C
```

KAYISI
ARPA
FESLEĞEN
HAVUÇ
TARÇIN
SARIMSAK
MEYVE SUYU
LİMON
SÜT
SOĞAN

FISTIK
ARMUT
SALATA
TUZ
ÇORBA
ISPANAK
ÇİLEK
ŞEKER
BALIK
ŞALGAM

2 - Castles

```
G A T S K Z N P U T T N P Z
N Y J H J K I L I Ç I O R İ
I M P A R A T O R L U K E N
Ş L Y N A L O I F Y D U N D
E Ö G E U K V N K E N L S A
G V V D S A O D T M O E E N
E F U A K N F F K A S D S Y
U H S N L K T K B N Ç V A M
K I B F G Y Q H V C P K R L
O D Y J Y R E K Z I R H A D
K R A L L I K A R N A Z Y U
P R E N S F P L E I S F D V
E J D E R H A E Q K I E L A
E S K Y Q Z H G Y A L Q S R
```

ZIRH
MANCINIK
TAÇ
EJDERHA
ZİNDAN
HANEDAN
IMPARATORLUK
FEODAL
KALE
AT

KRALLIK
ŞÖVALYE
ASİL
SARAY
PRENS
PRENSES
KALKAN
KILIÇ
KULE
DUVAR

3 - Exploration

```
C B M O L K T E L Ö Y Y K L
F E I R P H H T K Ğ O N A M
Q P S L V O Y Z S R R S R S
I A Y A I C H V G E G Y A Y
A S L K R N K U L N U C R T
V A H Ş İ E M F V M N N L E
A L Z Z R Y T E V E L S I H
I S I U C U Z A Y K U Z L L
H E Y E C A N Z E E K Y I İ
V A U V Z N C K N K N D K K
K E Ş I F C J E I N V D I E
H A Y V A N L A R A M G Y L
S E Y A H A T E T M E K V E
U Z A K Ü L T Ü R L E R E R
```

HAYVANLAR
CESARET
KÜLTÜRLER
KARARLILIK
KEŞIF
UZAK
HEYECAN
YORGUNLUK

TEHLİKELER
DIL
YENI
UZAY
ÖĞRENMEK
SEYAHAT ETMEK
BILINMEYEN
VAHŞİ

4 - Measurements

```
V U M S V I V D B P T F K Y
M B E S H I E Q E S O Z I Ü
Z B T D A K İ K A R N C T K
Q G R S C N K G T S E P L S
M B E K I J T K M T G C E E
Z Y E C M M A İ N Ç R S E K
L İ T R E E M L M B A Y T L
A H B M U Y H O I E M J I I
Z Ğ H S Z U A G C O T N A K
M Z I S U U H R P S L R Y U
V T O R N D R A C O O D E U
O N D A L I K M O N S F O O
Y Q M M U I D E R I N L I K
G N Z D K D K Y E C L Z D Q
```

BAYT
SANTİMETRE
ONDALIK
DERECE
DERINLIK
GRAM
YÜKSEKLIK
İNÇ
KİLOGRAM

UZUNLUK
LİTRE
KITLE
METRE
DAKİKA
ONS
TON
HACIM
AĞIRLIK

5 - Farm #2

```
G B N M A G H O T H T Z O C
F U A E O B M C S C N V S Y
A Ğ S U L A M A K U Z U R P
H D Ü E T H A Y V A N L A R
I A T P Z Ç F J T Y Y H Q B
R Y Ö R S E T I Ç I F T Ç I
P T R A K T Ö R Ç O B A N Ç
S U D R B Y K J B F N C D A
M P E P Q Ü O M I S I R N Y
Y E K A Z G Y U D L E L A I
L P Y K H I U Ü O D H B L R
U O R V A D N U M Z G Q Z I
L A M A E A T S O E P F T E
P U V Z A G P K J Z K K V A
```

HAYVANLAR	LAMA
ARPA	ÇAYIR
AHIR	SÜT
MISIR	BAHÇE
ÖRDEK	KOYUN
ÇIFTÇI	ÇOBAN
GIDA	BÜYÜMEK
MEYVE	TRAKTÖR
SULAMA	SEBZE
KUZU	BUĞDAY

6 - Books

```
B A Ğ L A M M A C E R A C D
Y A Z I L I I D S D L O U Q
O F O H U M A T R A J İ K T
B D Q V P B M S A Ö Y K Ü O
D E S T A N Y H N Z J F B K
Y A R A T I C I P V H Q A U
K O L E K S I Y O N T T A Y
Y S Z U A U O A R O M A N U
Y M O R F İ L G İ L İ R L C
N K G Y F Y K L J R V İ A U
L V G P A V U İ M R I H T J
E D E B Î Z P J L F M O I Y
M İ Z A H İ A V I İ J M C A
D I Z I Ş I I R C U K S I I
```

MACERA
YAZAR
KOLEKSIYON
BAĞLAM
İKİLİK
DESTAN
TARİH
MİZAHİ
YARATICI
EDEBÎ
ANLATICI
ROMAN
SAYFA
ŞIIR
OKUYUCU
İLGİLİ
DIZI
ÖYKÜ
TRAJİK
YAZILI

7 - Meditation

A	J	C	R	N	E	Z	A	K	E	T	Z	M	D
A	K	S	A	K	I	N	L	B	O	H	İ	I	Ü
B	Ç	I	U	Y	A	N	I	K	A	I	H	N	Ş
O	N	I	L	J	C	A	Ş	K	V	F	İ	N	Ü
I	E	K	K	J	J	K	Q	V	E	N	E	N
Y	F	E	D	L	D	Q	A	A	O	K	S	T	C
P	E	I	E	B	I	S	N	O	B	Q	E	T	E
R	S	B	Q	Q	O	K	L	F	T	U	L	A	L
H	A	R	E	K	E	T	I	M	B	P	L	R	E
C	L	V	O	Y	E	J	K	Ü	P	B	I	L	R
J	M	I	E	M	L	E	L	Z	D	A	A	I	A
J	A	B	O	V	F	D	A	I	O	R	F	K	V
D	U	Y	G	U	L	A	R	K	Ğ	I	I	E	L
S	E	S	S	I	Z	L	I	K	A	Ş	J	J	Y

KABUL
UYANIK
NEFES ALMA
SAKIN
AÇIKLIK
DUYGULAR
MINNETTARLIK
ALIŞKANLIKLAR
NEZAKET

ZİHİNSEL
AKIL
HAREKET
MÜZİK
DOĞA
BARIŞ
SESSIZLIK
DÜŞÜNCELER

8 - Days and Months

```
A I O C A K G U C M K A J V
E Ğ I Ş U B A T P A Z A R Q
K T U P F M N I S A N T H O
I A D S J P A Z A R T E S I
M K Z U T R I R C U M A B L
I V D Q D O Z F T D Y T M O
I I Z O Z T S Ç P E Y L Ü L
F M H A F T A A E K S V Z F
T E M M U Z L R R U Q I S E
Q B K B T A I Ş Ş C A S E E
Y U T A D K Y A E T U E I L
I V F Z S T C M M G M A R T
L S L U U I G B B D O S G P
J E T N A Y M A E O M O N V
```

NISAN
AĞUSTOS
TAKVIM
ŞUBAT
CUMA
OCAK
TEMMUZ
MART
PAZARTESI
AY

KASIM
EKIM
CUMARTESI
EYLÜL
PAZAR
PERŞEMBE
SALI
ÇARŞAMBA
HAFTA
YIL

9 - Chess

```
M Z O R L U K L A R J K F A
Ş A M P İ Y O N G O Y U N H
H M M T E T K N G L K R A L
D A J Y B Y Ü G F M S B O Ö
P N E A A I S Z V U T A S Ğ
Ç A P R A Z V S Ü U H N P R
R A K I P Q I T D K C F E E
T G H Ş P C K R A L İ Ç E N
I U B M U U P A S I F T G M
S H R A D T G T B E Y A Z E
P I D N F Z T E R K R K U K
Y M Y C U M J J O Y U N C U
Q C T A A V A İ L G A N R A
U L I E H O A I B Z Q L C U
```

SIYAH
ZORLUKLAR
ŞAMPİYON
YARIŞMA
ÇAPRAZ
OYUN
KRAL
RAKIP
PASIF
OYUNCU
KRALİÇE
TÜZÜK
KURBAN
STRATEJİ
ZAMAN
ÖĞRENMEK
TURNUVA
BEYAZ

10 - Food #2

```
Y L N H L P I R I N Ç K E K
B A L I K J A M B O N I R O
V N P B E I E T V D V R Y Z
Y U M U R T A N L N H A E R
M U Z J E O J D G I F Z S K
A M T A V U K M H İ C B N N
N U B M İ U U O E S N A G N
T D R Y Z D N G L U A A N B
A K O D J O M J M İ Ü J R U
R B L M O M F Q A K Z E N Ğ
Ç İ K O L A T A N İ Ü Z F D
Y O Ğ U R T E N J V M G O A
E K F H G E D I K İ J O A Y
V I E O E S P E Y N I R L C
```

ELMA
ENGİNAR
MUZ
BROKOLİ
KEREVİZ
PEYNIR
KIRAZ
TAVUK
ÇİKOLATA
YUMURTA

PATLICAN
BALIK
ÜZÜM
JAMBON
KİVİ
MANTAR
PIRINÇ
DOMATES
BUĞDAY
YOĞURT

11 - Family

```
K O C A Ç B Ü Y Ü K B A B A
I I E J Y O A A N N E T C A
Z Ç Z F Z D C B Y E Ğ E N P
E O E K H A Q U A S S Y A M
V C R J A N D R K Y D Z M O
L U K L P R Z R M L H E C O
A K E S Y R D Y I C A F A T
T L K A D I N E Ş O U R Q A
Y U K Ç O C U K Ş O U J C T
Y K A B Ü Y Ü K A N N E J A
T O R U N Z E B N I F D R B
N K D E R K E K T O R U N J
O I E E R K E K Y E Ğ E N T
G G Ş K U Z E N R I O C B R
```

ATA
TEYZE
ERKEK KARDEŞ
ÇOCUK
ÇOCUKLUK
ÇOCUKLAR
KUZEN
KIZ EVLAT
TORUN
BÜYÜK BABA

BÜYÜKANNE
ERKEK TORUN
KOCA
ANNE
ERKEK YEĞEN
YEĞEN
BABA
KIZ KARDEŞ
AMCA
KADIN EŞ

12 - Farm #1

E	Q	L	E	N	A	L	U	V	C	D	D	Q	U
D	O	F	F	F	G	F	G	Q	F	P	J	B	T
Y	K	D	Z	G	D	O	J	N	H	Q	K	C	N
O	G	R	Ç	C	H	B	T	B	C	C	O	T	J
H	Y	Q	I	U	G	L	S	A	R	I	N	S	S
T	P	U	T	I	L	A	A	L	T	O	H	U	M
T	A	V	U	K	I	E	M	T	K	E	Ç	I	F
B	İ	Z	O	N	T	C	A	T	E	A	R	M	T
U	N	R	D	A	L	A	N	M	D	Q	R	Q	B
Z	E	Ş	E	K	P	Z	R	H	İ	J	C	G	S
A	K	J	C	Ö	F	D	I	I	N	K	B	Ü	A
Ğ	S	U	I	P	H	V	M	B	M	D	I	B	O
I	Z	S	F	E	P	I	R	I	N	Ç	S	R	K
G	P	R	P	K	N	S	F	F	N	J	O	E	U

TARIM ÇIT
ARI GÜBRE
BİZON ALAN
BUZAĞI KEÇI
KEDİ SAMAN
TAVUK BAL
İNEK AT
KARGA PIRINÇ
KÖPEK TOHUM
EŞEK SU

13 - Camping

Ç	K	P	H	A	Y	V	A	N	L	A	R	C	B
M	A	A	U	Y	K	Q	F	M	V	T	T	K	Ö
A	J	D	B	S	H	G	I	Z	O	E	B	N	C
C	J	G	I	İ	U	Ö	P	T	O	Ş	F	R	E
E	Y	M	L	R	N	L	H	A	R	İ	T	A	K
R	Y	C	I	D	O	Ğ	A	G	L	R	U	U	A
A	O	U	J	H	Ş	B	M	O	U	G	C	I	V
I	Z	Y	I	D	A	Ğ	A	Ç	L	A	R	L	C
K	S	C	H	A	P	Q	K	F	B	Y	V	B	I
B	O	K	O	Ğ	K	M	I	U	M	K	E	J	L
I	U	R	M	K	A	N	C	K	F	U	R	V	I
H	P	D	D	A	H	O	H	G	K	S	C	E	K
E	Ğ	L	E	N	C	E	Q	A	I	M	D	Q	J
I	P	R	D	O	R	M	A	N	L	U	R	L	B

MACERA   AVCILIK
HAYVANLAR   BÖCEK
KABİN   GÖL
KANO   HARİTA
PUSULA   AY
ATEŞ   DAĞ
ORMAN   DOĞA
EĞLENCE   IP
HAMAK   ÇADIR
ŞAPKA   AĞAÇLAR

14 - Cats

```
H D B F Y Z K K L B Z Z R C
P I T A K P B U T A N G A Ç
E O S R Ğ Ü L Y Y C B T B K
N G Q E P I Ç F M R F I M H
Ç L E Z B S M Ü V A U D U R
E T V O V E E S K N Y K S Y
H T O J G V I J I M K Q T E
H I K C B E H K K Z U M G I
T H T A V C I Ü I E L E C K
V A N R A E Z R Ş H C R F L
J T L I H N L K I C I A B G
Y V G Y Ş Q I P L I K K F K
D E L İ İ S T M I B S L O E
D O Z G C I D F K M Y I R P
```

SEVECEN
DELİ
MERAKLI
HIZLI
KÜRK
AVCI
BAĞIMSIZ
KÜÇÜK

FARE
PENÇE
KİŞİLİK
UTANGAÇ
UYKU
KUYRUK
VAHŞİ
IPLIK

15 - Numbers

```
Y E D İ F A G N G R H I A T
H O O N D A L I K Z J M Q I
B N K Y M E D T S M A F K J
A M U U D G B O I P Z S K S
T R Z D Ö R T N O N Y E D I
O G O C J N J D N N O K Z F
R N P E O L C Ö Ü Ç N İ B I
J D D Y D M Z R Ç B S Z O R
O O O O Q 2 G T A V E J N S
Q N V B K N A N B R K B A J
P I E N C U H R H G I J L Q
K K Q Y F P Z F M Q Z C T A
R I F B I R B E Ş G A Y I K
K A H V S T H I Y İ R M İ Q
```

ONDALIK
SEKİZ
ONSEKIZ
BEŞ
DÖRT
ON DÖRT
DOKUZ
ON DOKUZ
BIR
YEDİ

ON YEDI
ALTI
ON ALTI
ON
ON ÜÇ
ÜÇ
ON IKI
YİRMİ
SIFIR

16 - Spices

```
S K Ö R İ Q S K İ M Y O N Z
A F C E V İ Z O T A G L O E
R F Q Z F A F E Ğ Y J E N N
I A B E T A T L I A S Z Ç C
M D N N T A R Ç I N N Z E E
S C G E C Q L P A A S E M F
A V A N İ L Y A C S L T E I
K A R A N F İ L I O C S N L
A İ R R V U V J I N M A I P
K L Ş N L I J M T K T F Z K
U G F N N I A K T U A R T D
L I P Y İ M R O U D Z A V A
E Z C J T Ş A A Y Y Z N C N
K I R M I Z I B İ B E R E D
```

ANASON
ACI
KAKULE
TARÇIN
KARANFİL
KİŞNİŞ
KİMYON
KÖRİ
REZENE
ÇEMEN
LEZZET
SARIMSAK
ZENCEFİL
CEVİZ
SOĞAN
KIRMIZI BİBER
SAFRAN
TUZ
TATLI
VANİLYA

17 - Mammals

```
Ç  K  Z  E  G  L  R  T  B  D  B  O  Ğ  A
A  M  M  A  S  L  A  N  İ  J  R  P  N  Y
K  U  R  T  F  K  Q  T  F  L  H  F  V  I
A  J  Z  Ü  R  A  F  A  K  Z  K  E  D  İ
L  C  V  K  V  N  G  V  U  Y  O  İ  U  K
F  B  M  C  D  G  O  Ş  N  D  Y  B  F  V
Z  I  A  P  A  U  R  A  D  Y  U  N  U  S
E  Z  L  L  E  R  İ  N  U  Q  N  Y  N  I
B  R  L  Q  I  U  L  S  Z  V  C  T  A  U
R  U  P  E  E  N  M  A  Y  M  U  N  T  K
A  A  Z  Y  K  G  A  N  A  L  N  G  H  O
O  H  C  Z  I  V  I  R  E  H  B  V  Q  B
Y  V  K  F  P  K  Ö  P  E  K  R  O  T  M
E  B  T  K  Z  N  V  Q  I  P  H  L  A  S
```

- AYI
- KUNDUZ
- BOĞA
- KEDİ
- ÇAKAL
- KÖPEK
- YUNUS
- FİL
- TİLKİ
- ZÜRAFA
- GORİL
- AT
- KANGURU
- ASLAN
- MAYMUN
- TAVŞAN
- KOYUN
- BALINA
- KURT
- ZEBRA

18 - Fishing

```
R P C A B A R T I A B L Y L
T L S U Ğ P S S A B I R D T
D A Y E M I F J O U A C Z E
K J J J Z J R T E L V T I T
S K V V G O S L O V G F N L
B A V V Ç E N E I P L F M O
O K Y A N U S F P K S O H N
R Y Y F K I S M Z E A J Y E
S J O E B O T C C K T Z B H
S O L U N G A Ç L A R P P I
V G C U L Ö S Z J N Y Q N R
N C B Y Y L F E K C P U A M
Z G D V K Z A L K A N T V N
K R V A S J U J Z J E K G L
```

YEM
SEPET
PLAJ
BOT
ABARTI
SOLUNGAÇLAR
KANCA
ÇENE

GÖL
OKYANUS
SABIR
NEHIR
SEZON
SU
AĞIRLIK
TEL

19 - Restaurant #1

```
B A Y A N G A R S O N J V B
P N N M J R T G B C H T C P
A L E R J İ M E N Ü E A A A
B B A H A R A T L I K V G S
M I N K D T Y E I B M U I O
L V Ç D Q K N N M C E K D S
I U I A F K A Y S P K N A O
N L C B K R B H T A T L I M
Q A U F Z Z R U V Z Q T N N
P E Ç E T E O L Y E M E K Y
Q V K O M V V T A B A K U P
O O H V F G C E J H L R B Q
H Z M V M M U T F A K S P F
R E Z E R V A S Y O N A A Q
```

ALERJİ
TAS
EKMEK
TAVUK
KAHVE
TATLI
GIDA
MUTFAK
BIÇAK

ET
MENÜ
PEÇETE
TABAK
REZERVASYON
SOS
BAHARATLI
YEMEK
BAYAN GARSON

20 - Bees

```
D U M A N Ç P V F Q K A F Ç
C S Q I B İ B S A J A M B E
Q Q K C Ö Ç G I Y G N V A Ş
Y T G U C E K P D Ü A I L I
C O I J E K O V A N T K M T
E Z D I K E E S L E L M U L
B L A B C U K K I Ş A E M I
I A M A L U O Z V O R Y U L
Z Y H H L F S Ü R Ü A V P I
N I H Ç V Ç İ Ç E K L E R K
E C F B E B S P O L E N K U
R I A F A P T K R A L İ Ç E
B İ T K İ L E R F Q S Q R L
P G L D Z V M L N D N N G Y
```

FAYDALI
ÇİÇEK
ÇEŞİTLİLİK
EKOSİSTEM
ÇİÇEKLER
GIDA
MEYVE
BAHÇE
KOVAN
BAL

BÖCEK
BİTKİLER
POLEN
TOZLAYICI
KRALİÇE
DUMAN
GÜNEŞ
SÜRÜ
BALMUMU
KANATLAR

21 - Sports

```
O B H S Ş T A A J T K M H D
B A A H A S Z Y I N Z M B Q
B S R A M A T O Y U N J B G
F K E K P L O A L D O I I A
E E K E İ O B Y D N E Q S T
O T E M Y N Y E U Y T A I L
I B T G O L F I Y N U Y K E
P O E Z N F G Z N Z C M L T
A L N H O K E Y Y L B U E I
K J İ M N A S T İ K Q O T E
P D S K O Ç G U N P D D L P
K A Z A N A N L G F D D J D
M B Z P J Y T H K T A K I M
K R L M E Q V N A H T R R B
```

ATLET
BEYZBOL
BASKETBOL
BISIKLET
ŞAMPİYON
KOÇ
OYUN
GOLF
SALON
JİMNASTİK
HOKEY
HAREKET
OYUNCU
HAKEM
STADYUM
TAKIM
TENİS
KAZANAN

22 - Weather

```
K B A V I T K A S I R G A G
F U P L M G L G O A Y J H Ö
I K R D H J P S A L B D V K
R U E A S I C A K L I K E Y
T T J Z K A T M O S F E R Ü
I U S E L L T H Z B C C G Z
N P Y M G Z I R B U L U T Ü
A Q E V B U R K O Z G V R V
K U R U V S İ S C P M R Ü O
I E S I N T I C T B İ D Z B
T K G Ö K K U Ş A Ğ I K G Q
K P L Y I L D I R I M Y Â A
H A G I P R O D I G Q T R E
L C E O M U S O N A K K V O
```

ATMOSFER
ESINTI
IKLIM
BULUT
KURAKLIK
KURU
SEL
SİS
BUZ
YILDIRIM

MUSON
KUTUP
GÖKKUŞAĞI
GÖKYÜZÜ
FIRTINA
SICAKLIK
KASIRGA
TROPİK
RÜZGÂR

23 - Adventure

```
T  Ş  E  M  N  İ  Y  E  T  R  R  I  G  I
T  E  A  R  K  A  D  A  Ş  L  A  R  Ü  H
D  V  H  N  Z  O  R  L  U  K  E  P  Z  A
E  S  E  L  S  A  P  Y  G  K  G  L  E  Z
P  V  D  D  I  M  Y  U  E  G  Ü  C  R  I
I  K  E  O  A  K  V  C  Z  H  Z  B  G  R
H  T  F  Ğ  H  Y  E  N  I  F  E  J  A  L
C  E  S  A  R  E  T  L  U  I  L  V  H  I
S  E  V  İ  N  Ç  V  Q  I  R  L  L  E  K
Z  O  R  L  U  K  L  A  R  S  I  I  C  S
Z  A  P  U  S  E  F  E  R  A  K  Z  N  G
V  F  U  S  Ş  A  Ş  I  R  T  I  C  I  T
O  L  A  Ğ  A  N  D  I  Ş  I  B  L  C  Q
L  O  A  B  T  S  R  O  B  K  I  T  B  E
```

GÜZELLIK
CESARET
ZORLUKLAR
ŞANS
TEHLIKELI
HEDEF
ZORLUK
HEVES
GEZI
ARKADAŞLAR

GÜZERGAH
SEVİNÇ
DOĞA
SEFER
YENI
FIRSAT
HAZIRLIK
EMNİYET
ŞAŞIRTICI
OLAĞAN DIŞI

24 - Circus

N	M	J	S	V	Ç	A	D	I	R	F	M	T	P
Q	U	D	I	Ş	E	K	E	R	Z	I	Ü	B	G
P	H	A	H	A	T	R	I	F	L	L	Z	V	U
H	T	V	I	G	E	O	Q	D	A	H	I	L	E
A	E	A	R	Ö	L	B	Y	J	M	A	K	N	G
Y	Ş	R	D	S	R	A	A	K	O	S	T	Ü	M
V	E	S	E	T	S	T	L	L	I	L	K	P	L
A	M	P	L	E	M	E	A	Y	O	A	A	A	A
N	V	E	F	R	I	A	Y	U	S	N	P	L	O
L	M	Y	A	M	O	R	Y	I	D	L	L	Y	R
A	T	K	F	E	U	I	O	M	R	V	A	A	A
R	H	O	K	K	A	B	A	Z	U	C	N	Ç	R
S	İ	H	İ	R	B	A	Z	Z	D	N	I	O	O
H	N	E	A	G	E	Z	E	F	Y	M	N	C	Q

AKROBAT
HAYVANLAR
BALONLAR
ŞEKER
PALYAÇO
KOSTÜM
FİL
HOKKABAZ
ASLAN
SIHIR

SİHİRBAZ
MAYMUN
MÜZİK
ALAY
GÖSTERMEK
MUHTEŞEM
SEYİRCİ
ÇADIR
KAPLAN
HİLE

25 - Tools

```
M B İ P I R D D N Q Q S Q C
S E M I B V O B T R L B Ç T
Z J R F H H F F U J İ L E T
N K B D C Y U L T Q K B K E
M P P Z I M B A K Z K E I K
M A K A S V L O A Q Q G Ç E
C E T V E L E H L B J T K R
K A B L O E H N B I Ç A K L
L H A C H I V I D A V V G E
G M L I G P M E Ş A L E J K
T V T K Ü R E K B A V E P M
C H A Y K H Z J H D I U P L
H D S C D V V Q E J G C K G
P E N S E H V D F G C J J H
```

BALTA
KABLO
TUTKAL
ÇEKIÇ
BIÇAK
MERDIVEN
PENSE
JİLET

IP
CETVEL
MAKAS
VIDA
KÜREK
ZIMBA
MEŞALE
TEKERLEK

26 - Restaurant #2

```
R E I Y G L Y L T I S B Z K
L R E C B S A L A T A V U U
Y İ L S S A D M M P S S D Z
Q Ş Z H S N Y E M M Ç J V S
F T I O H D J R I T O H J E
L E H T B A B A H A R A T B
G E N Y M L A K A T B K U Z
E A Z M E Y V E Q T A B O E
T Ç R Z Z E D K V H V Q B L
U A S S E B A L I K E B K E
Z T D Z O T Y U M U R T A R
U A I B Z N L O E I S U Ş N
C L Z Y P K Y I V T V P I J
Z D K T N M G Q C R S J K Q
```

MEZE
KEK
SANDALYE
LEZZETLİ
YUMURTA
BALIK
ÇATAL
MEYVE
BUZ

ERİŞTE
SALATA
TUZ
ÇORBA
BAHARAT
KAŞIK
SEBZELER
GARSON
SU

27 - Geology

```
T  G  J  J  K  R  İ  S  T  A  L  L  E  R
L  K  F  G  A  F  V  Z  O  G  Y  E  A  Q
K  I  T  A  L  K  O  Y  A  Y  L  A  S  K
J  I  U  R  S  C  L  S  M  İ  E  Z  İ  U
G  Z  Z  D  İ  F  K  B  İ  U  R  M  T  V
C  D  N  O  Y  K  A  V  N  L  O  M  K  A
Y  Z  B  N  U  Q  N  G  E  Y  Z  E  A  R
T  V  B  L  M  A  Ğ  A  R  A  Y  R  T  S
D  Ö  N  G  Ü  L  E  R  A  D  O  C  M  G
S  T  C  I  I  F  L  D  L  E  N  A  A  A
K  K  M  K  N  T  J  R  L  P  B  N  N  Y
T  Y  M  P  P  K  U  T  E  R  E  S  V  Z
R  G  Y  C  H  Y  K  A  R  E  L  A  V  E
N  S  A  R  K  I  T  Ş  N  M  J  O  V  R
```

ASİT
KALSİYUM
MAĞARA
KITA
MERCAN
KRİSTALLER
DÖNGÜLER
DEPREM
EROZYON
FOSİL

GAYZER
LAV
KATMAN
MİNERALLER
YAYLA
KUVARS
TUZ
SARKIT
TAŞ
VOLKAN

28 - House

```
Q Z K Y V C C I V B G G P A
M O B I L Y A Q O S A N B E
Ç N D L J T E L G E K H S G
Y A V A K Y R B S J T L Ç K
M J T S Ü P Ü R G E A A F E
Q Ç P I T N Z Z C Z E M I N
L A E P Ü E V Q H D F B K Ç
Ş T N C P G F P B U K A P I
Ö I C H H M M I C Ş Q Y I T
M K E R A M U T F A K N P N
İ A R S N L J L D U V A R L
N T E P E R D E L E R T T H
E I I K N B G A R A J T H V
E A N A H T A R L A R I I D
```

ÇATI KATI	ANAHTARLAR
SÜPÜRGE	MUTFAK
PERDELER	LAMBA
KAPI	KÜTÜPHANE
ÇIT	AYNA
ŞÖMİNE	ÇATI
ZEMIN	ODA
MOBILYA	DUŞ
GARAJ	DUVAR
BAHÇE	PENCERE

29 - Bathroom

```
S B A N Y O D L N H M Q J G
Ü B Ş S A B U N B Z A Y G D
N P A E K N Ş B U Q Q V E E
G A M A K A S Q H K J Z L A
E R P Y H P V Z A L I H O U
R F U U Z U L V R C E U S P
Y Ü A S R P K V J S O I Y P
Q M N T U V A L E T U T O L
A Y N A M Z D B E O E I N N
A Z P C U K İ L İ M D E C T
Z M A D S H C I L H M I Y L
M M O I L M A V G J T Q K F
Y D T D U B J E B C A Q B H
K J T L K N I P Q C I O V P
```

BANYO
MUSLUK
LOSYON
AYNA
PARFÜM
KİLİM
MAKAS
ŞAMPUAN
DUŞ
SABUN
SÜNGER
BUHAR
TUVALET
HAVLU
SU

30 - School #1

K	K	İ	T	A	P	L	A	R	M	A	S	A	Ö	
L	A	D	O	H	S	G	U	M	A	Y	Y	S	Ğ	
A	T	L	C	M	K	A	C	J	T	T	A	J	R	
S	R	G	E	Ğ	L	E	N	C	E	D	Z	U	E	
Ö	V	J	N	M	V	L	Y	D	M	D	M	N	N	
R	V	Q	O	S	A	Y	I	L	A	R	A	P	M	
S	I	N	I	F	L	E	F	U	T	L	K	H	E	
Z	L	C	H	C	F	I	K	T	İ	A	Y	L	K	
C	E	V	A	P	A	Y	S	L	K	K	E	E	Y	
E	K	M	B	E	B	B	K	O	K	U	M	A	K	
N	R	U	G	M	E	T	Â	T	J	G	Q	M	S	
S	I	N	A	V	T	Ö	Ğ	R	E	T	M	E	N	
J	T	C	G	D	Z	S	I	V	Q	Q	E	J	T	
F	Y	T	T	B	K	Ü	T	Ü	P	H	A	N	E	

ALFABE   KÜTÜPHANE
CEVAP   MATEMATİK
KİTAPLAR   SAYILAR
SANDALYE   KÂĞIT
SINIF   KALEM
MASA   ÖĞRETMEN
SINAV   ÖĞRENMEK
KLASÖR   OKUMAK
EĞLENCE   YAZMAK

31 - Dance

```
B P O R T A K S R L J U G B
D U R U Ş G L O İ S Ü Q T M
K Z O O K Ü L T Ü R T S U
Ü N F R V H V C İ L I K U O
L K L T K A G M M Ü Z I K F
T L B T P R V Ü C U T S G K
Ü A K A D E M İ J N U A Ö Y
R S Y M L K A Y Q Z B N R I
E İ Q P O E D N C T G A S N
L K B N T T F J L R R T E B
N H B T D U Y G U A B I L H
N E Ş E L İ J Q V L M V U L
K O R E O G R A F İ D L H L
G E L E N E K S E L A D I F
```

AKADEMİ
SANAT
VÜCUT
KOREOGRAFİ
KLASİK
KÜLTÜREL
KÜLTÜR
DUYGU
ANLAMLI
LÜTUF

NEŞELİ
HAREKET
MÜZIK
ORTAK
DURUŞ
PROVA
RİTİM
GELENEKSEL
GÖRSEL

32 - Colors

```
K Z K I R M I Z I O M R F D
I S A R I A Z Q L Q E D U S
K K H C T V T E U M N U Ş V
P U V J C I A U H T E P Y U
J Y E Ş I L J C I M K F A A
T U R U N C U M S K Ş I D L
C J E T V A A E O E E H N N
L T N T G B J M L R P H B E
P S G R I H Z N G V E Y Y V
Z S I Y A H Y V O Ö M I A E
U B E Y A Z D C F I B E J Q
D Q O F E F F G K Y E E S P
L N M T K T U A H A G V Ğ Y
F L J M K E O V I O P U G I
```

BEJ
SIYAH
MAVI
KAHVERENGI
CAMGÖBEĞI
FUŞYA
YEŞIL
GRI

TURUNCU
PEMBE
MOR
KIRMIZI
SEPYA
MENEKŞE
BEYAZ
SARI

33 - Shapes

```
K E N A R L A R Q E E F K F
N G D L P C A G H Y H E Ö S
T H P H V E E İ İ D E C Ş I
V B S O V A L L T Z A D E R
Ü P E D Z S İ L İ N D İ R A
Ç M J I H G P İ R A M İ T L
G C T K İ C S O A P O H D H
E A D D P F Q B M P P T S J
N J P Ö E G K A R E A H F N
A M D R R E K O S Z U R D D
F G E T B Ğ L Ü N L F Z C A
A Y T G O R S P R İ Z M A I
R E A E L İ D H J E I Q F R
K Ü P N D B Ç O K G E N Z E
```

- ARK
- DAIRE
- KONİ
- KÖŞE
- KÜP
- EĞRI
- SİLİNDİR
- KENARLAR
- ELİPS
- HİPERBOL
- SIRA
- OVAL
- ÇOKGEN
- PRİZMA
- PİRAMİT
- DIKDÖRTGEN
- YAN
- KÜRE
- KARE
- ÜÇGEN

34 - Scientific Disciplines

```
T E R M O D İ N A M İ K N M
M A B D İ L B İ L M I Ö İ
E S S O S Y O L O J İ M R N
K T M L T D O K B F O Y O E
A R K P B A İ P O İ N A L R
N O J V O B N S M Z P G O A
İ N B İ Y O K İ M Y A J J L
K O İ N J B J K K O N E İ O
P M Y H J D İ O P L A O K J
A İ O E O E İ L M O T L T İ
V E L M N V Y O L J O O K O
E K O L O J İ J Q İ M J S L
P S J S A F P İ G B İ İ R S
İ T İ M M Ü N O L O J İ L A
```

ANATOMİ
ASTRONOMİ
BİYOKİMYA
BİYOLOJİ
BOTANİK
KIMYA
EKOLOJİ
JEOLOJİ
İMMÜNOLOJİ
DİLBİLİM
MEKANİK
MİNERALOJİ
NÖROLOJİ
FİZYOLOJİ
PSİKOLOJİ
SOSYOLOJİ
TERMODİNAMİK

35 - School #2

```
E D E B I Y A T R O K G K D
S Ğ D J T N O A T T A E Ü İ
M Ö I B Y Y I K O O L R T L
L Z Z T C V Q V S B E E Ü B
Q V L L I Y K I I Ü M Ç P İ
F K Q U Ü M İ M R S N L H L
P F B E P K T Ö T K B E A G
C A H S L V A Ğ Ç G Â R N İ
M A K A S B P R A Q N Ğ E S
S İ L G İ I L E N V C M I İ
Z A G K O L A T T H L L R T
U K U G T I R M A H E Z N A
V A K G L M V E S N O Z T V
K E A F V O B N I E E F H C
```

SIRT ÇANTASI KÜTÜPHANE
KİTAPLAR EDEBIYAT
OTOBÜS KÂĞIT
TAKVIM KALEM
SÖZLÜK BILIM
EĞITIM MAKAS
SİLGİ GEREÇLER
DILBİLGİSİ ÖĞRETMEN

36 - Science

```
H J L N D F C M B E I V J N
Q O R D D O Ğ A O B V E Y P
F İ Z İ K S M L C L I R O E
F H E I K İ F A C O E I I Z
M U N J H L Q B Y R Y K E M
H I P O T E Z O E G Ö L Ü Z
G E R Ç E K U R R A N I Z L
Ö D A T G T A A Ç N T M V K
Z Q E Y O L A T E İ E D G R
L B V N H M J U K Z M U H F
E K E Y E M N V İ M F B T N
M D G I D Y Y A M A T O M U
H A D T L V S R İ M E B D E
Z L I H V K I M Y A S A L P
```

ATOM
KIMYASAL
IKLIM
VERI
EVRIM
DENEY
GERÇEK
FOSİL
YERÇEKİMİ
HIPOTEZ
LABORATUVAR
YÖNTEM
MOLEKÜL
DOĞA
GÖZLEM
ORGANIZMA
FİZİK

37 - To Fill

```
P C R K A V A N O Z Y K M N
I O D R A A V S Y B E Ş V T
K D M U C Z J F O A Z I F P
O F F S L O S T R P J Ş T Y
O B Y B J M L I P A K E T A
L I M A K O R M I H L N H F
T E P S I P F H E Z A R F S
S A N D I K I Q Z E S V T H
F E V R K T Ç G K E Ö I Z B
M U P C A Ü I S M M R E M A
B S R E R P V H H V C E P V
U D S D T R Ç E K M E C E U
Z V M K O V A J T R Y L Y L
U L Ç A N T A K U T U F T A
```

ÇANTA
FIÇI
HAVZA
SEPET
ŞİŞE
KUTU
KOVA
KARTON
SANDIK
ÇEKMECE

ZARF
KLASÖR
KAVANOZ
PAKET
CEP
BAVUL
TEPSI
KÜVET
TÜP
VAZO

38 - Summer

E	P	N	M	P	B	Q	Z	R	L	K	L	D	S
B	O	Ş	G	H	L	S	Q	M	P	T	D	M	E
K	S	Y	P	B	S	A	N	D	A	L	E	T	Y
A	E	D	U	A	Y	V	J	S	P	D	A	Y	A
R	V	D	E	N	I	Z	R	A	E	V	R	E	H
K	İ	T	A	P	L	A	R	K	I	J	K	R	A
A	N	F	O	B	B	A	H	Ç	E	L	E	A	T
D	Ç	B	G	D	M	E	R	N	J	T	E	H	E
A	M	N	C	C	Ü	B	I	T	Q	A	Z	A	T
Ş	U	D	U	U	Z	G	I	D	A	T	K	T	M
L	E	D	A	L	I	Ş	B	L	E	I	D	L	E
A	Y	E	G	P	K	M	P	Z	U	L	G	A	K
R	H	O	A	Z	Z	M	V	Z	C	M	C	M	C
Y	E	M	P	D	V	Q	D	Q	A	N	Y	A	O

PLAJ
KİTAPLAR
DALIŞ
AILE
GIDA
ARKADAŞLAR
OYUNLAR
BAHÇE
EV

SEVİNÇ
BOŞ
MÜZIK
RAHATLAMA
SANDALET
DENIZ
SEYAHAT ETMEK
TATIL

39 - Clothes

```
Z C E Ş A R P A D T I S A B
Z E L B I S E J C C N A Y L
P K D Ö P A N T O L O N A U
E E I N J Z E Q J U F D K Z
K T V L E A V T O E V A K B
A A E Ü V M Z E Ş E D L A I
Z K N K E M E R K A V E B L
A I L O O M K K Z O P T I E
K K E T Z L G Ö M L E K P Z
O N R Z K E Y Z O M I E A I
C P İ J A M A E D G I P V K
C R Y J N I K B A I G E F O
V J K A H Y H D O C V Q P A
M A N I N Z K P U B H I M E
```

ÖNLÜK
KEMER
BLUZ
BILEZIK
ELBISE
MODA
ELDIVENLER
ŞAPKA
CEKET
KOT

TAKI
KOLYE
PİJAMA
PANTOLON
SANDALET
EŞARP
GÖMLEK
AYAKKABI
ETEK
KAZAK

40 - Insects

K	E	Ç	I	B	O	Y	N	U	Z	U	D	Q	S
M	N	I	F	G	A	O	T	N	L	V	M	L	M
Y	A	A	R	I	Ü	S	O	L	U	C	A	N	Y
S	U	N	Y	D	J	V	D	Y	A	F	D	Y	B
I	Ğ	S	T	R	K	L	E	K	I	B	Z	A	Ç
V	U	İ	U	I	A	M	P	E	U	G	Z	P	E
R	R	V	C	F	S	O	İ	L	K	K	P	R	K
I	B	R	D	A	Ç	Y	R	E	L	M	T	A	İ
S	Ö	İ	B	C	F	U	E	B	Ö	C	E	K	R
I	C	S	Z	E	T	Q	K	E	D	S	R	D	G
N	E	İ	D	V	Z	Z	E	K	H	D	M	İ	E
E	Ğ	N	L	A	R	V	A	A	B	I	İ	D	L
K	I	E	G	B	B	R	D	U	N	G	T	M	F
A	L	K	A	R	I	N	C	A	A	Y	F	Y	U

KARINCA
YAPRAKDİD
ARI
BÖCEK
KELEBEK
YUSUFÇUK
PİRE
SİVRİSİNEK
ÇEKİRGE

UĞUR BÖCEĞİ
LARVA
KEÇIBOYNUZU
MANTIS
SIVRISINEK
GÜVE
TERMİT
SOLUCAN

41 - Astronomy

```
G A G Ü N E Ş R J U U N O S
Ö S T Ö R Z H A O G D L P T
K T R Y K A Q R M K U Y D U
Y R P A V A D G E Z E G E N
Ü O J Y D K D C T K K T T T
Z N K O M Y L A E M İ K O E
Ü O O B T B A G O M N Z P L
I T C E U Z N S R T O O R E
B U L U T S U S Y I K D A S
I D N R U D E J K O S Y K K
J F V H L R Z Y A H N A O O
T A K I M Y I L D I Z K M P
C Z Z G A A S T R O N O M U
E T N S Ü P E R N O V A E M
```

ASTRONOT
ASTRONOM
TAKIMYILDIZ
TOPRAK
TUTULMA
EKİNOKS
GÖKADA
METEOR
AY
BULUTSU

GEZEGEN
RADYASYON
ROKET
UYDU
GÖKYÜZÜ
GÜNEŞ
SÜPERNOVA
TELESKOP
ZODYAK

42 - Pirates

```
N H G G K Ö T Ü B R M A R G
H A R İ T A E İ A R Ü P D P
A M Y U Q L H T Y B R Y U A
Z Ç A P A T L A R S E A T P
I U O C N I I F A A T R Q A
N Y I U E N K M K Z T A V Ğ
E B J Y T R E M E I E İ B A
P P U S U L A S C A B Z U N
L T E K L D K P D J A İ V K
A E F S A N E R O M T I S V
J Q J Z J P K I L I Ç T İ C
M A Ğ A R A T E R D T C K C
U Q Y D N C C A G I H U K Z
L F B N U G Q L N S V V E Y
```

MACERA
ÇAPA
KÖTÜ
PLAJ
KAPTAN
MAĞARA
SİKKE
PUSULA
MÜRETTEBAT
TEHLIKE

BAYRAK
ALTIN
ADA
EFSANE
HARİTA
PAPAĞAN
ROM
YARA İZİ
KILIÇ
HAZİNE

43 - Time

```
Z U J N B S S R I G Y B G Z
M A C Z O A N Y E O O S I G
Ş I M D I A A P I Q N O L E
G D Y Ü G T G P D L Y Y M C
Ü A I N S Y A K I N D A I E
N K L H A F T A B U G Ü N L
Z İ L G B O A Y U P E P Y P
E K I I A B K H S Z L Q A A
Z A K P H I V P Y D E T J E
Ö B H J U Q I K Ü K C B I R
V Ğ Ö N C E M V Z E E S V G
R E L A N D O F Y D K Z G R
M H Q E R K E N I Y C H L U
B R B E D D V H L N F G Z D
```

- YILLIK
- ÖNCE
- TAKVİM
- YÜZYIL
- GÜN
- ON YIL
- ERKEN
- GELECEK
- SAAT
- DAKİKA
- AY
- SABAH
- GECE
- ÖĞLE
- ŞİMDİ
- YAKINDA
- BUGÜN
- HAFTA
- YIL
- DÜN

44 - Buildings

```
A H I R Z Ç H Y F I K U L E
R F U Y A P A R T M A N A M
P A Q E M D S D E D B Y B Ü
I B S M G C T U I D İ G O Z
F R Y A M N A K D R N O R E
C I I T T V N S İ N E M A P
V K L M R H E U F K F M T A
E A F T Z A A D K A E F U N
T İ Y A T R O N I L U V V S
A B O K K Q I V E E O F A İ
O M T K E L Ç İ L İ K I R Y
V R E A U K K M B K J N Y O
T H L N M L S T A D Y U M N
G A S Ü P E R M A R K E T Y
```

APARTMAN
AHIR
KABİN
KALE
SİNEMA
ELÇİLİK
FABRIKA
HASTANE
PANSİYON
OTEL
LABORATUVAR
MÜZE
RASATHANE
OKUL
STADYUM
SÜPERMARKET
ÇADIR
TİYATRO
KULE

45 - Herbalism

```
E E Y P O J K R T G N L M F
S K H T B L A E A U I A A E
A Y E Ş I L L Z R M Q V Y S
F A Y D A L I E H M K A D L
R M B V D M T N U V A N A E
A L K O L O E E N S K T N Ğ
N J F E B A H Ç E N F A O E
D A E F S A R I M S A K Z N
F S H O M K L Ç O E Q F A E
B İ B E R İ Y E M U T F A K
I Ç E R I K L K Z B I T K I
N A N E K O T V I Z L Z C B
M E R C A N K Ö Ş K E K H D
D G R C V H A R O M A T İ K
```

AROMATİK
FESLEĞEN
FAYDALI
MUTFAK
REZENE
LEZZET
ÇIÇEK
BAHÇE
SARIMSAK
YEŞIL

IÇERIK
LAVANTA
MERCANKÖŞK
NANE
MAYDANOZ
BITKI
KALITE
BIBERIYE
SAFRAN
TARHUN

46 - Toys

```
B H A Y A L G Ü C Ü S R T O
K U F O F M D S N M A O R Y
I Ç L A Y K U N Y Z T B E Z
L U Q M F U V N L F R O N F
Z R H P A I N A C C A T D E
Y T N L V C Z L S G N S T H
H M U S O A A F A I Ç P F D
S A B M R R S G M R B A A A
S C T F I A M B U Ç A K Z V
T O P D Z B I S I K L E T U
O Y U N C A K B E B E K I L
S A Z A D B B O K U H T L K
V Q C K A M Y O N O M D V Y
T G N Z Q T K İ T A P L A R
```

UÇAK
TOP
BISIKLET
BOT
KİTAPLAR
ARABA
SATRANÇ
KIL
OYUNCAK BEBEK

DAVUL
FAVORI
OYUNLAR
HAYAL GÜCÜ
UÇURTMA
BULMACA
ROBOT
TREN
KAMYON

47 - Vehicles

```
B O T M J T G A T Y F J L L
A I M L B J K V Y U F K A S
M L S N R U Ç A K R F E G A
B A A I D Q S N M E T R O L
U S R O K E T B D Y N V T H
L T A K H L R S P F O A R E
A İ B N T P E I F E V N A L
N K A I M A Z T U Q T N K İ
S L S S P Q K A V F V E T K
F E R İ B O T S S K H C Ö O
P R M O T O R D İ R H F R P
D E N İ Z A L T I T P T G T
R E E M M T R E N F B A Z E
O T O B Ü S Q M T E K C C R
```

UÇAK
AMBULANS
BISIKLET
BOT
OTOBÜS
ARABA
KERVAN
FERİBOT
HELİKOPTER
MOTOR

SAL
ROKET
DENİZALTI
METRO
TAKSİ
LASTİKLER
TRAKTÖR
TREN
KAMYON
VAN

48 - Flowers

```
B H E L V T G Y O N C A K T
U A B B A Z H O A R B F A J
K Ş E C H L H R I S M A R O
E H G Y L P E K K A E S A K
T A Ü N E R G İ S B G M H I
T Ş M T Y F H D C H A M İ O
Q A E B L Q Y E Y Z R V N N
Y K C L A V A N T A D E D O
K A İ J K A Y Ç İ Ç E Ğ İ O
I Y P A P A T Y A F N R B M
H I B R Z A M B A K Y V A K
R K T H A Z D Q H O A I Z A
M B Ç A R K I F E L E K T H
A M U Y N T M A N O L Y A G
```

BUKET
YONCA
NERGİS
PAPATYA
KARAHİNDİBA
GARDENYA
EBEGÜMECİ
YASEMİN
LAVANTA
LEYLAK

ZAMBAK
MANOLYA
ORKİDE
ÇARKIFELEK
ŞAKAYIK
YAPRAK
HAŞHAŞ
AYÇİÇEĞİ
LALE

49 - Town

```
R Y B T H S R M G Q Q H Z P
M E C Z A N E Ü N A V M L A
B A S B H J Y Z Z E L V P Z
A O Ğ T Q T I E T O Y E V K
N P U A O T İ Y A T R O R L
K N N D Z R S T A D Y U M İ
A O K U L A A P A Z A R S N
P G C M O Ç Z N C T H H İ İ
H A V A L İ M A N I B G N K
O T E L Y Ç J Y R P V N E F
G U N G S E O E J Y Z B M K
B A N A D K I B P D H J A P
D H F H Q Ç H A F I R I N D
A O O I L İ K İ T A P Ç I G
```

HAVALİMANI
FIRIN
BANKA
KİTAPÇI
SİNEMA
KLİNİK
ÇİÇEKÇİ
GALERİ
OTEL

PAZAR
MÜZE
ECZANE
RESTORAN
OKUL
STADYUM
MAĞAZA
TİYATRO

50 - Antarctica

```
D Y Y K S U V N Y M Y S V C
V N A O F E T A C U B L U O
S K R R H R F J O F U U F V
M T I U M V G E Ğ Z Z E P N
İ O M M B C Ö D R K O Y Z B
N P A A U B Ç Y A E B D A B
E O D K L S E L F O I G D U
R Ğ A U U E V E Y Z L A A Z
A R A Ş T I R M A C I K L U
L A D L L K E L C T M I A L
L F C A A J E O O R S T R L
E Y E R R T A G Q V E A R A
R A S I C A K L I K L S L R
K A Y A L I K Z J V S V D S
```

KOY
KUŞLAR
BULUTLAR
KORUMA
KITA
ÇEVRE
SEFER
COĞRAFYA
BUZULLAR
BUZ

ADALAR
GÖÇ
MİNERALLER
YARIMADA
ARAŞTIRMACI
KAYALIK
BILIMSEL
SICAKLIK
TOPOĞRAFYA
SU

51 - Ballet

```
V A B E S T E C I I C J Y D
H J S E Y I R C I J S M O A
H Y G T C B K A S L A R Ğ N
L J J E T E O Y D R O L U S
M G Y K F S R R S O L O N Ç
Ü H H N I A E I İ Q D U L I
Z A R İ F N O N B T J A U L
I L A K Y A G Y V A İ E K A
K K N Q M T R Y D R A M S R
A I L S F S A T J Z I P T T
I Ş A O B A F B A L E R İ N
A M M D D L İ H L T Q O M S
R H L O R K E S T R A V K Z
Y D I V I F T K M Z I A N B
```

ALKIŞ
SANATSAL
SEYIRCI
BALERİN
KOREOGRAFİ
BESTECI
DANSÇILAR
ANLAMLI
JEST
ZARİF
YOĞUNLUK
KASLAR
MÜZIK
ORKESTRA
PROVA
RİTİM
BECERI
SOLO
TARZ
TEKNİK

52 - Human Body

```
B E Y I N U E R P H J E G L
A A V Q K U L A K F S P Y O
Ş Ğ C D G G V C V Y I F D M
O I K A Y A K B I L E Ğ I U
F Z M Q K E M İ K L E R R Z
I D Q B R D R Y L A T M S B
B U R U N T P T Q V J K E P
D I Z Q F L O N Z V K G K Ç
C E G U M Y J B O Y U N V E
R R Z Z A D K G O Ü I A K N
P A R M A K U L F Z L V C E
Q Q C A S T B D K A L P S Y
R H F S G G J E A F C D M R
Q C I Q Z Z T I N K T P K T
```

AYAK BİLEĞİ
KAN
KEMİKLER
BEYIN
ÇENE
KULAK
DIRSEK
YÜZ
PARMAK
EL

BAŞ
KALP
DIZ
BACAK
DUDAK
AĞIZ
BOYUN
BURUN
OMUZ
CILT

53 - Musical Instruments

V	H	R	S	E	G	N	M	D	E	H	O	E	B
O	U	T	E	F	S	Q	S	G	F	G	E	Q	Y
Q	H	R	S	V	A	S	F	A	G	O	T	K	V
T	R	O	M	B	O	N	A	R	K	N	F	G	V
B	S	M	D	A	V	U	L	K	Z	G	O	L	G
A	U	P	İ	Y	A	N	O	M	S	U	H	A	B
G	Ç	E	L	L	O	L	B	A	B	A	N	Ç	O
E	K	T	C	D	H	Q	U	R	N	A	F	H	N
T	P	R	R	O	F	H	A	İ	N	V	L	O	S
G	K	L	A	R	N	E	T	M	F	U	Ü	K	N
Z	İ	P	N	P	D	S	G	B	A	V	T	E	L
P	Y	T	N	A	R	P	P	A	Y	R	L	M	S
E	J	K	A	M	A	N	D	O	L	İ	N	A	T
L	Z	Q	N	R	A	O	V	M	D	S	M	N	G

BANÇO
FAGOT
ÇELLO
KLARNET
DAVUL
BAGET
FLÜT
GONG
GİTAR
ARP

MANDOLİN
MARİMBA
OBUA
VURMA
PİYANO
SAKSAFON
TEF
TROMBON
TROMPET
KEMAN

54 - Cooking Tools

```
B M C L M T S I V T A K D K
T U B I Ç A K A Z A N K I A
Y V Z Z G K K T O S T E K H
R E N D E Q A A Q Q A V T H
S O B A O B L P S Ü Z G E Ç
C U Q M G L S F A C B İ T E
C O N I Z K A Ş I K E R E A
D D R A L T U B L E N D E R
P C F I R I N D I T M Z I O
M S B Z T E R M O M E T R E
M P M B B H U Y K B R T F J
Ç A T A L S P A T U L A U A
J R U D T E K A M N Z S E A
E M P S Q C Y J F Y C F I H
```

BLENDER   BUZDOLABI
KEVGİR   MAKAS
ÇATAL   SPATULA
RENDE   KAŞIK
KAZAN   SOBA
BIÇAK   SÜZGEÇ
KAPAK   TERMOMETRE
FIRIN   TOST

55 - Fruit

T	S	Ş	N	G	U	Y	N	L	H	R	Q	İ	G
H	H	H	E	Y	H	O	S	E	F	V	I	N	U
J	J	Z	L	F	B	F	E	U	K	D	E	C	A
P	A	R	M	U	T	K	F	V	I	T	F	İ	V
A	K	O	A	E	U	A	M	F	R	B	A	R	A
P	İ	I	N	Y	R	Y	L	J	A	O	M	R	Z
A	V	K	A	R	U	I	İ	I	Z	F	K	R	E
Y	İ	O	N	Q	N	S	M	I	U	Q	I	E	D
A	G	T	A	D	C	I	O	I	Q	D	I	F	G
T	D	K	S	J	U	T	N	C	M	L	M	Q	H
T	A	V	O	K	A	D	O	C	D	U	T	E	Q
A	H	U	D	U	D	U	T	P	S	Ü	Z	Ü	M
D	Z	K	A	V	U	N	M	A	N	G	O	D	T
O	I	K	P	O	L	F	Y	O	U	M	M	L	H

ELMA
KAYISI
AVOKADO
MUZ
DUT
KIRAZ
İNCİR
ÜZÜM
GUAVA
KİVİ

LİMON
MANGO
KAVUN
NEKTAR
TURUNCU
PAPAYA
ŞEFTALI
ARMUT
ANANAS
AHUDUDU

56 - Virtues #1

```
C  Ö  M  E  R  T  E  M  I  Z  Z  B  E  B
B  G  Ü  V  E  N  İ  L  I  R  A  I  S  Ü
U  F  U  C  M  B  İ  L  G  E  R  R  F  Y
G  H  Q  G  C  Y  M  C  S  Q  N  T  E  Ü
M  E  R  A  K  L  I  P  R  A  T  İ  K  L
Ü  Y  S  Y  K  J  T  Y  S  K  Q  D  U  E
T  V  A  P  P  I  Q  U  H  A  S  T  A  Y
E  İ  N  R  I  Q  L  S  T  U  Y  İ  O  I
V  G  A  P  A  E  J  L  O  K  N  Y  N  C
A  A  T  I  C  R  F  I  I  B  U  İ  D  I
Z  V  S  R  G  R  L  N  E  N  G  L  V  C
I  B  A  Ğ  I  M  S  I  Z  N  U  J  U  V
H  M  L  N  V  E  R  İ  M  L  I  O  O  C
M  G  T  Q  U  G  I  J  G  G  S  O  U  N
```

SANATSAL
BÜYÜLEYICI
TEMIZ
MERAKLI
VERIMLI
CÖMERT
İYİ
YARARLI

BAĞIMSIZ
AKILLI
MÜTEVAZI
TUTKULU
HASTA
PRATIK
GÜVENILIR
BILGE

57 - Kitchen

```
B A H A R A T A S Q B M V Y
O C T P K Ö N L Ü K I V I E
Ç A T A L L A R R K Ç V I M
M T H Q U I Z G A R A R O E
B I T Q U C P Q H E K B R K
R U Z Z A E B G I D A U G E
S V V I Q N B I O C Z Z E P
E J Q P B A R D A K A D U Ç
S Ü N G E R K A V A N O Z E
P Q R T V Ç F J A F P L G K
C M R P C E E I G V L A F A
K L N A T B V T R T D B F Ş
Q N R Q I G O T E I N I B I
D O N D U R U C U Z N D Z K
```

ÖNLÜK
TAS
BARDAK
GIDA
ÇATALLAR
DONDURUCU
IZGARA
KAVANOZ
SÜRAHI
KAZAN

BIÇAK
KEPÇE
PEÇETE
FIRIN
BUZDOLABI
BAHARAT
SÜNGER
KAŞIK
YEMEK

58 - Art Supplies

```
M A S A S L K P A S T E L F
Ü S O L U O I P V K N Q K I
R S D B L I L T K Y E O Z N
E A S S U Z Q A L P M C Y P
K N G A B K K A L E M L E R
K D C M O V F K A M E R A G
E A P Y Y S P İ J Z C A S G
P L Ş A A F Z B K Â Ğ I T S
S Y Ö Ğ S I S A Y İ R O U M
O E V F T U T K A L R E E E
H Y A F I R Ç A L A R L N I
S İ L G İ B D Y F V Y S E K
D V E A K R İ L İ K R L T R
Y A R A T I C I L I K J U I
```

AKRİLİK
FIRÇALAR
KAMERA
SANDALYE
KIL
RENK
YARATICILIK
ŞÖVALE
SİLGİ
TUTKAL
FİKİRLER
MÜREKKEP
YAĞ
KÂĞIT
PASTEL
KALEMLER
MASA
SU
SULUBOYA

59 - Science Fiction

```
F  L  L  G  Ö  K  A  D  A  P  C  S  T  K
A  P  H  E  T  E  K  N  O  L  O  J  I  İ
P  T  T  O  D  H  E  K  Z  B  Q  V  J  M
A  A  E  K  Y  A  N  I  L  S  A  M  A  Y
Ş  A  T  Ş  K  N  S  İ  N  E  M  A  H  A
I  T  S  L  G  E  Z  E  G  E  N  Y  A  S
R  O  M  Y  A  T  Ü  T  O  P  Y  A  Y  A
I  M  V  O  G  M  V  F  L  G  Y  N  A  L
K  İ  T  A  P  L  A  R  J  A  V  M  L  L
S  K  F  Ü  T  Ü  R  I  S  T  I  K  İ  A
F  A  N  T  A  S  T  I  K  R  Y  T  B  R
G  I  Z  E  M  L  I  K  L  O  N  L  A  R
D  Ü  N  Y  A  R  O  B  O  T  L  A  R  L
R  H  L  N  F  Q  I  I  U  M  C  T  V  K
```

ATOMİK
KİTAPLAR
KİMYASALLAR
SİNEMA
KLONLAR
PATLAMA
AŞIRI
FANTASTIK
ATEŞ
FÜTÜRISTIK

GÖKADA
YANILSAMA
HAYALİ
GIZEMLI
KEHANET
GEZEGEN
ROBOTLAR
TEKNOLOJI
ÜTOPYA
DÜNYA

60 - Kindness

P	E	L	S	K	V	H	L	V	L	A	Y	I	Z
D	U	Ö	Z	E	N	L	İ	B	Z	R	O	L	S
A	Y	Z	H	C	V	C	Ö	M	E	R	T	Y	J
A	L	I	C	I	V	E	S	U	F	F	O	T	D
D	G	M	G	Ü	V	E	N	I	L	I	R	T	Ü
M	İ	S	A	F	İ	R	P	E	R	V	E	R	R
D	M	Y	A	R	A	R	L	I	D	O	E	Y	Ü
O	Q	S	F	Y	S	D	H	A	S	T	A	G	S
S	I	H	O	Ş	G	Ö	R	Ü	L	Ü	K	E	T
T	T	O	M	K	M	I	G	O	S	R	N	R	B
Ç	A	T	Y	L	F	M	L	R	V	O	O	Ç	P
A	A	N	L	A	Y	I	Ş	I	N	Q	U	E	F
M	U	T	L	U	S	E	V	E	C	E	N	K	A
G	S	J	J	N	B	Y	I	E	B	B	G	O	P

SEVECEN
ÖZENLİ
DOSTÇA
CÖMERT
GERÇEK
MUTLU
YARARLI
DÜRÜST

MİSAFİRPERVER
SEVEN
HASTA
ALICI
GÜVENILIR
SAYGILI
HOŞGÖRÜLÜ
ANLAYIŞ

61 - Airplanes

```
T Ü R B Ü L A N S Y A K I T
Y O L C U Y V C Q E Q I K H
Ö G Q G V V Ü G Ö K Y Ü Z Ü
N L P İ L O T K D Q O D J O
U R E P A H E S S L H C G V
T A R I H N İ P B E P D I D
A K V C A T J D D H K Q D J
S I A B V E U O R B A L O N
A M N M A C E R A O R S I R
R H E S J G H C Z M J D Z K
I N I Ş Y F C D O I O E G J
M Ü R E T T E B A T J T N N
G N A A T M O S F E R V O Q
Y D M C Y A P I P A T L C R
```

MACERA
HAVA
RAKIM
ATMOSFER
BALON
YAPI
MÜRETTEBAT
INIŞ
TASARIM
YÖN
MOTOR
YAKIT
YÜKSEKLIK
TARIH
HİDROJEN
YOLCU
PİLOT
PERVANE
GÖKYÜZÜ
TÜRBÜLANS

62 - Ocean

```
K B B F C Y O S U N D R N A
B A O T O N D Ü İ F E T İ H
R A P T J N C N Y U N U S T
E L L Y E N G E Ç İ Z T A
S A L I U E P E F R Z Q İ P
İ Y G A K M R R H H A I R O
F L I M M F B E P R N K İ T
F I R T I N A A V E A A D B
M E R C A N T M Ğ C S R Y A
G E L G İ T Y I C A I İ E L
D U D A L G A L A R B D S I
Y I L A N B A L I Ğ I E V N
K Ö P E K B A L I Ğ I S T A
R H Q O I L Z R A S G F A Q
```

YOSUN
BOT
MERCAN
YENGEÇ
YUNUS
YILAN BALIĞI
BALIK
DENİZANASI
AHTAPOT
İSTİRİDYE
RESİF
TUZ
KÖPEKBALIĞI
KARİDES
SÜNGER
FIRTINA
GELGİT
KAPLUMBAĞA
DALGALAR
BALINA

63 - Birds

P	A	P	A	Ğ	A	N	B	D	L	G	D	Y	K
L	E	Y	L	E	K	A	Z	V	R	Ü	E	U	A
K	F	N	E	F	Z	V	T	Y	J	V	V	M	R
M	A	S	G	G	U	G	U	K	B	E	E	U	T
N	P	R	U	U	L	M	K	Z	S	R	K	R	A
J	C	Y	G	G	E	H	A	J	E	C	U	T	L
B	Q	Y	B	A	K	N	N	Q	R	İ	Ş	A	Y
Y	A	L	B	Ö	N	Q	E	H	Ç	N	U	P	U
T	U	F	L	R	U	G	G	V	E	A	O	M	S
I	A	C	V	D	F	L	A	M	İ	N	G	O	M
U	Z	V	I	E	Z	D	I	P	J	J	K	B	K
T	A	V	U	K	A	N	A	R	Y	A	J	U	U
M	L	K	T	S	B	A	L	I	K	Ç	I	L	Ğ
U	K	P	E	L	İ	K	A	N	O	T	P	P	U

KANARYA BALIKÇIL
TAVUK   DEVEKUŞU
KARGA   PAPAĞAN
GUGUK   TAVUS
GÜVERCİN PELİKAN
ÖRDEK   PENGUEN
KARTAL   SERÇE
YUMURTA LEYLEK
FLAMİNGO KUĞU
KAZ   TUKAN

64 - Nutrition

```
B Y F C Q N A E S L P Y F A
D E E M F J C I V E R T E L
O E S N R G M Y O Z O J R I
M Z O İ I Ş T A H Z T A M Ş
Y L S T N L S R V E E N A K
F D A C I S E Y M T İ J N A
S I V I L A R B K M N K T N
D Y C Q V Ğ K R I E C A A L
K E N N D L T E Y L U L S I
A T N N L I V A E V I O Y K
L E K G F K R G R F Y R O L
I C Z G E U T T O K S İ N A
T E S A Ğ L I K L I T P E R
E B B K T B I A Ğ I R L I K
```

IŞTAH
DENGELI
ACI
KALORİ
DIYET
YENILEBILIR
FERMANTASYON
LEZZET
ALIŞKANLIKLAR

SAĞLIK
SAĞLIKLI
SIVILAR
BESİN
PROTEİN
KALITE
SOS
TOKSİN
AĞIRLIK

65 - Hiking

```
O B E P C V C A M T C T O T
N H E O G Q Y F D O Ğ A R E
D H S U S N V Z C P Z Ş Y H
R A P A R K L A R L U L A L
S Y Ğ Ğ Q Q I H S A Ç A N İ
N V K I Y O C K H N U R T K
K A G R M O O L L T R E A E
A N E A I L R P B I U Y S L
O L G Y J U F G F F M S Y E
H A Z I R L I K U Z R E O R
F R G Ü N E Ş H Y N Z Y N S
K N G Z T T V A H Ş İ V G M
V O C M J T R V H A R İ T A
U T N V V Q J A J M B S P P
```

HAYVANLAR
UÇURUM
IKLIM
TEHLİKELER
AĞIR
HARİTA
DAĞ
DOĞA
ORYANTASYON

PARKLAR
HAZIRLIK
TAŞLAR
TOPLANTI
GÜNEŞ
YORGUN
SU
HAVA
VAHŞİ

66 - Professions #1

```
P P Z F D R U S H H U A A J
S İ S L H G D P E A U J S E
İ Y O T I O Z Q M R U Y T O
K A T D T B A A Ş I I B R L
O N E O A E T G I T N Ü O O
L İ R F R N S V R A H Y N G
O S Z K O Ç S I E C D Ü O C
G T I D O L N Ç S I O K M L
L Q Y S E Q E D İ A K E S B
T R C B A N K A C I T L U A
E D İ T Ö R İ G T M O Ç Z U
A V U K A T S Z T S R İ I P
I Y T K U Y U M C U T T Q V
A A V C I I M Ü Z İ S Y E N
```

BÜYÜKELÇİ
ASTRONOM
AVUKAT
BANKACI
HARİTACI
KOÇ
DANSÇI
DOKTOR
EDİTÖR
JEOLOG

AVCI
KUYUMCU
MÜZİSYEN
HEMŞİRE
PİYANİST
TESİSATÇI
PSİKOLOG
DENİZCİ
TERZİ

67 - Dinosaurs

```
D M M Z M F O S İ L L E R C
I E T M R C O I T B O Y U T
L Y V T O P R A K M R Z P Y
O V J A K U Y R U K M Q S O
M T R A S E V R I M K Q O Z
U N T D Z A E T G C N R G S
Q S O R G E K C Q O K Y I Ü
M R K Ö T Ü Q Z V T A H I R
M I L I O F Ç P S Ç R T B Ü
P A V C I N O L G U N A Z N
A M M O F A S F Ü L Z T G G
S Q Z U K V O M N İ V O R E
Z F N R T K A Y B O L M A N
H Z T Z O U N B Ü Y Ü K F E
```

KAYBOLMA
TOPRAK
DEVASA
EVRIM
FOSİLLER
OTÇUL
BÜYÜK
MAMUT
OMNİVORE
GÜÇLÜ
AV
SÜRÜNGEN
BOYUT
KUYRUK
KÖTÜ

68 - Barbecues

```
O Y U N L A R Z B Y P T U Z
E V D O M A T E S L E R I C
S V I C E S I C A K K G B J
C O G Y Y R Z L Y D E H I Z
A M Ğ O V D G T E M Ü Z I K
U N E A E Ç A T A L L A R S
T T U Ç N T R E R C M Q Y A
S U D L O A A S H I V P K L
S O O I Q V T O F H Y A Z A
N V S K J U J P B A G Y Z T
C N M B D K D G I D A V S A
S E B Z E L E R Ç M D E J L
A R K A D A Ş L A R D P I A
Ç O C U K L A R K D M K S R
```

TAVUK
ÇOCUKLAR
AILE
GIDA
ÇATALLAR
ARKADAŞLAR
MEYVE
OYUNLAR
IZGARA
SICAK

AÇLIK
BIÇAK
MÜZIK
SOĞAN
SALATALAR
TUZ
SOS
YAZ
DOMATESLER
SEBZELER

69 - Surfing

```
I H A T L E T E Z M N V B K
O I C Ş M S A R Ğ N D B Q C
K Z E A I P R B N L L D A Q
Y P M M D R Z R A N E U C L
A L I P E E I V F H B N O R
N A S İ H Y K D K K B H C F
U J M Y R E S İ F T T U L E
S P L O P O P Ü L E R D P I
Q G S N G J P V E L H A V A
J Q C Y F C V M P H A L R N
K Ö P Ü K U V V E T Q G P E
E G Y A P M O D T I C A A N
F F R G B I C A G P Y B M Q
C M M B G K H C S Z E E H Y
```

ATLET
PLAJ
ACEMI
ŞAMPİYON
AŞIRI
KÖPÜK
EĞLENCE
OKYANUS
POPÜLER

RESİF
HIZ
SPREY
MIDE
KUVVET
TARZ
DALGA
HAVA

70 - Chocolate

```
D B D R P Y F E O K K V H A
F I N O A Y Z F U A S H H N
R Z P C C R C G H R S E M T
R O L A I R B S D A J K Q İ
D O E C B D R V Z M Q I U O
L E Z Z E T L I Ç E R I K K
F E Z A F O K K A L I T E S
A G E R N Z T A T L I A Y İ
V Z T O Ö A F K L V B T E D
O O Q M Z D A N A O R C M A
R T S A L C D T B K R M E N
I I C Ş E K E R O G A İ K P
L K E R M U H Z E D M O Z S
H Z R I B I Z Z Z I F K D P
```

ANTİOKSİDAN
AROMA
ZANAAT
ACI
KAKAO
KALORİ
KARAMEL
ÖZLEM
LEZZETLI
EGZOTIK

FAVORI
LEZZET
IÇERIK
TOZ
KALITE
ŞEKER
TATLI
TAT
YEMEK

71 - Vegetables

```
P K D O M A T E S P S Z K S
S A L A T A M N K B A E A V
A B T G Ş A L G A M L N R M
R A H L F U L İ I S A C N S
I K Y T I I T N S O T E A F
M L L O K C M A P Ğ A F B R
S H M A N T A R A A L I A B
A A D H M C Y N N N I L H E
K V J Y Y A D R A U K B A Z
T U R P F G A A K K M K R E
V Ç K A S P N U O V A B I L
A D D D B R O K O L İ M Q Y
U Y S S J J Z E Y T I N R E
K E R E V İ Z C P C C L M I
```

ENGİNAR
BROKOLİ
HAVUÇ
KARNABAHAR
KEREVİZ
SALATALIK
PATLICAN
SARIMSAK
ZENCEFIL
MANTAR
ZEYTIN
SOĞAN
MAYDANOZ
BEZELYE
KABAK
TURP
SALATA
ISPANAK
DOMATES
ŞALGAM

72 - Boats

```
Ç K J Y A T K O A E K L D S
A M M C Y V P N S F H A E E
P Z T Q P B T S T O V V N U
A E R Y N Y E L K E N L İ O
H J D İ P Q G B M P U D Z K
C G İ B P B E T Ü Ş V K C F
D Ö D P E R L T R A O L İ E
A L O İ D U G T E M O T O R
L F K E R K İ D T A S D K İ
G B G Z Z E T E T N A U Y B
A N E H İ R K N E D L N A O
L Y T J Z B H İ B I I K N T
A D E N İ Z A Z A R B D U R
R I A B T E J S T A T N S Q
```

ÇAPA
ŞAMANDIRA
KANO
MÜRETTEBAT
DOK
MOTOR
FERİBOT
GÖL
DİREK
DENİZ

OKYANUS
SAL
NEHIR
IP
YELKENLİ
DENİZCİ
DENIZ
GELGIT
DALGALAR
YAT

73 - Activities and Leisure

```
B A H Ç I V A N L I K V B D
Y A R A H A T L A T I C I A
C Ü L M S I E F B O M E Y L
M O Z I Y B N H U J I N U I
V G K M K S İ O H T O G K Ş
G O L F E Ç S B E B B O K S
Z G H Q J B I İ H E O O A S
B E Y Z B O L L L J Y F L M
Y Ü R Ü Y Ü Ş E I K A B D S
M F I R G S Ö R F K M H L A
B A S K E T B O L E A A T N
S E Y A H A T E T M E K E A
A V O L E Y B O L B N D R T
K R P B M H H F C I T E E T
```

SANAT
BEYZBOL
BASKETBOL
BOKS
DALIŞ
BALIKÇILIK
BAHÇIVANLIK
GOLF
YÜRÜYÜŞ

HOBİLER
BOYAMA
RAHATLATICI
FUTBOL
SÖRF
YÜZME
TENİS
SEYAHAT ETMEK
VOLEYBOL

74 - Driving

```
M J M G L D R D J I Y V V Z
O P O L İ S T E H L I K E B
T P T V I Ü Ü B J K J G G C
O I O G O R N H I K Y N A O
S O R G V Ü E Z Q Q A Y R Z
İ A K F T C L I U U Y O A K
K R R T I Ü K U N M A L J T
L N J F Y E V P S A Z L C R
E K C R L A M D H A R İ T A
T A J E U R K N P Q Q S B F
P Z H N V A B I İ H F A N İ
M A I L T B B L T Y M N O K
A Q Z E K A M Y O N E S C M
R L M R H H O Q E A Y T T E
```

KAZA
FRENLER
ARABA
TEHLIKE
SÜRÜCÜ
YAKIT
GARAJ
GAZ
LİSANS
HARİTA

MOTOR
MOTOSİKLET
YAYA
POLİS
YOL
EMNİYET
HIZ
TRAFİK
KAMYON
TÜNEL

75 - Professions #2

```
K O U B M S U H H D I Z D M
U K Ü T Ü P H A N E I I M E
Y L B U H P G I K P D Ş F I
D G A Z E T E C I C E F Ç L
İ I H Y N P İ L O T D İ R I
L Ç Ç N D J Y M B L E L E Ö
B D I Ç I Z E R İ U K O S Ğ
İ O V F S E K J Y T T Z S R
L K A S T R O N O T İ O A E
İ T N P K Ç S G L N F F M T
M O N H D Q I Z O O L O G M
C R M U C I T A G J R D D E
İ J L I N H H C E R R A H N
F O T O Ğ R A F Ç I G P V P
```

ASTRONOT
BİYOLOG
DIŞÇI
DEDEKTİF
MÜHENDİS
ÇİFTÇİ
BAHÇIVAN
ÇİZER
MUCİT
GAZETECİ
KÜTÜPHANE
DİLBİLİMCİ
RESSAM
FİLOZOF
FOTOĞRAFÇI
DOKTOR
PİLOT
CERRAH
ÖĞRETMEN
ZOOLOG

76 - Emotions

```
M H E Y E C A N L I H R M A
S E I H A S S A S İ Y E T S
Ü Z M I M I N N E T T A R E
R Z J N K K N E Z A K E T V
P O D R U I K O R K U V S İ
R P B D Q N B A B N Q N M N
İ O O D R T J R A H A T F Ç
Z G Y D Z I Z Ö R S A K I N
O H D C C H K F I E U T D O
M U T L U L U K Ş M L S M I
Ü Z Ü N T Ü N E G P Q J U P
R U C R A H A T L A M A F Q
E R T L A Ş P H E T Z P D I
K H M Z J C K G J İ B E Y Y
```

ÖFKE
MUTLULUK
SIKINTI
SAKİN
HEYECANLI
KORKU
MİNNETTAR
SEVİNÇ
NEZAKET
AŞK

BARIŞ
RAHAT
RAHATLAMA
ÜZÜNTÜ
MEMNUN
SÜRPRİZ
SEMPATİ
HASSASİYET
HUZUR

77 - Mythology

```
E K A H R A M A N P Ö H J S
I F Y A R A T I K A L G C A
K I S K A N Ç L I K Ü Ö S V
V N C A S D C K I H M K Y A
A T D E N U M U N E S G I Ş
V I Q E N E Z V H L Ü Ü L Ç
K K Z G B N Y V C A Z R D I
Q A R B N Y E E A B L Ü I Z
G M U C J D J T N İ Ü L R N
F E L A K E T F A R K T I N
Ö L Ü M L Ü J I V E Y Ü M M
K Ü L T Ü R I N A N Ç S E Y
D A V R A N I Ş R T Q Ü L G
V M Y A R A T I L I Ş S R K
```

NUMUNE
DAVRANIŞ
INANÇ
YARATILIŞ
YARATIK
KÜLTÜR
FELAKET
CENNET
KAHRAMAN
ÖLÜMSÜZLÜK

KISKANÇLIK
LABİRENT
EFSANE
YILDIRIM
CANAVAR
ÖLÜMLÜ
INTIKAM
KUVVET
GÖK GÜRÜLTÜSÜ
SAVAŞÇI

78 - Hair Types

```
P Y S I Ö C Q Y S P T D S F
B E Y A Z R E N K L İ A A E
K U R U O L G Ü M Ü Ş L Ğ D
N Z K A L I N Ü D F Ö G L H
O U D E Q N H O L F R A I S
G N V I L C G R İ Ü G L K K
M R O M U E C E Q C Ü I L E
G G Y Z E V H S A R I Ş I N
P K H S F E I L Q P B U F R
K A H V E R E N G I T V H E
Z R R B R F K I V I R C I K
H P B L A D I Y U M U Ş A K
C O O Z A L S İ Y A H U O F
N P P A F K A E M R M D E R
```

KEL
SIYAH
SARIŞIN
ÖRGÜLÜ
ÖRGÜ
KAHVERENGI
RENKLİ
KIVIRCIK
KURU
GRİ

SAĞLIKLI
UZUN
PARLAK
KISA
GÜMÜŞ
YUMUŞAK
KALIN
INCE
DALGALI
BEYAZ

79 - Garden

```
S C V D G O T Y T C S J S Q
H G E A Ğ A Ç E I G L L N T
K Ü R E K R I Q B A H Ç E I
Z H A U S Q M Q J Z S M P R
M N N G Ö L E T F V A M P M
T D D A O R N P T U T K A I
M Y A R V D D Ç O K R N T K
T E R A S H J I P Ç A L I F
O V Q J C S T Ç R O M Z D H
H O R T U M K E A T B A N K
C Y K K B O S K K L O J C A
Ç I T H A M A K U A L E U N
K F L R C C E L L R İ A L Z
Y S E B D C J Q L Q N T L J
```

BANK
ÇALI
ÇİT
ÇİÇEK
GARAJ
BAHÇE
ÇİMEN
HAMAK
HORTUM
GÖLET

VERANDA
TIRMIK
KÜREK
TOPRAK
TERAS
TRAMBOLİN
AĞAÇ
ASMA
OTLAR

80 - Birthday

E	J	A	K	C	K	S	T	J	K	E	T	G	S
M	P	D	U	B	H	Y	A	K	E	Ö	F	Ü	R
Ö	T	U	A	Z	V	L	Q	U	N	B	Z	N	C
E	Ğ	L	E	N	C	E	J	T	Z	S	V	E	D
B	A	R	K	A	D	A	Ş	L	A	R	D	Ş	L
Ü	H	P	E	D	N	K	A	A	Z	O	B	E	M
Y	E	R	K	N	J	R	R	M	D	Y	I	L	U
Ü	D	P	C	N	M	S	K	A	M	A	L	I	M
M	I	Z	T	O	J	E	I	T	K	D	G	Q	L
E	Y	K	A	R	T	A	K	V	I	M	E	G	A
K	E	L	K	M	U	T	L	U	C	B	L	E	R
I	P	N	V	B	A	K	M	K	D	H	I	N	H
D	O	Ğ	M	U	Ş	N	D	L	Y	K	K	Ç	N
O	E	M	A	E	B	J	H	H	E	N	N	H	B

DOĞMUŞ
KEK
TAKVIM
MUMLAR
KART
KUTLAMA
GÜN
ARKADAŞLAR
EĞLENCE
HEDIYE

MUTLU
NEŞELI
ŞARKI
ÖZEL
ZAMAN
BÜYÜMEK
ÖĞRENMEK
BILGELIK
YIL
GENÇ

81 - Beach

```
K  B  O  T  T  Ş  İ  J  P  K  A  E  K  D
R  L  K  U  M  R  E  İ  S  I  U  E  T  E
J  U  Y  L  B  M  P  M  A  V  İ  P  Y  İ
G  H  A  V  L  U  K  C  S  T  Q  Q  K  J
F  H  N  F  A  F  Y  A  L  İ  A  Q  P  K
S  Z  U  C  G  J  K  D  O  K  Y  T  S  K
Z  G  S  F  Ü  R  O  A  K  U  E  E  I  A
G  F  A  A  N  H  B  E  L  O  L  L  R  L
Ü  B  H  R  N  C  J  R  Y  G  K  L  U  E
N  L  I  Z  N  D  Y  E  N  G  E  Ç  L  S
E  D  L  D  Q  E  A  J  K  E  N  O  Y  H
Ş  K  F  A  B  N  G  L  C  C  L  N  Z  N
M  D  Y  R  U  I  B  R  E  S  İ  F  Q  Y
H  N  I  Z  I  Z  Y  S  K  T  U  L  H  N
```

MAVI
BOT
SAHIL
YENGEÇ
DOK
ADA
LAGÜN
OKYANUS
RESİF

YELKENLİ
KUM
SANDALET
DENIZ
GÜNEŞ
HAVLU
ŞEMSİYE
TATIL

82 - Adjectives #1

```
S Y A R A R L I H J R P Y D
K A R A N L I K A Ğ I R A Q
H M N J C H Q M Ö H N A V V
V A Ö A T M T L U N C R A U
E G Z O T I K D O T E O Ş K
O O D H N S D Y Ç M L M L T
C J E N N Q A I E U M A L H
Ö H Ş D I D S L K T O T K I
M G O Ü B E R Q I L D İ O R
E G Z R I Ğ C I C U E K C S
R P G Ü Z E L D I U R L A L
T R M S Y R Y O Z M N Y M I
U O P T I L K Y H V R R A I
H B K J M I T H F T O J N A
```

MUTLAK
HIRSLI
AROMATİK
SANATSAL
ÇEKICI
GÜZEL
KARANLIK
EGZOTIK
CÖMERT
MUTLU

AĞIR
YARARLI
DÜRÜST
KOCAMAN
ÖZDEŞ
ÖNEMLI
MODERN
YAVAŞ
INCE
DEĞERLI

83 - Rainforest

```
R G K D S A Q C J D K Q O S
D V D P H H N O R E O I I I
B U L U T L A R E Ğ R J J Ğ
B Ç D G I T M M S E U Z A I
Ö E K P Y O K A T R M Q O N
C Ş K Q F P V N O L A O M A
E I E A Y L S N R I Y O E K
K T Y O S U N Z A J F S M H
L L B E A L K D S A E F E L
E I S E Y U U D Y G V E L Q
R L K U G K Ş B O T A N İ K
U I U L I I L D N Ğ D D L L
I K T P I P A P L I A G E A
U R L P D M R T C A C F R D
```

KUŞLAR
BOTANİK
IKLIM
BULUTLAR
TOPLULUK
ÇEŞİTLİLİK
BÖCEKLER
ORMAN
MEMELİLER
YOSUN
DOĞA
KORUMA
SIĞINAK
SAYGI
RESTORASYON
BEKA
DEĞERLI

84 - Technology

```
B T T S M E D İ J İ T A L İ
İ G Ü V E N L İ K D I V R S
L Z U A T B İ N T E R N E T
G V E R I E I A A J V P E A
I O O V P P R R I İ U N T
S A N A L V V A A V R D D İ
A E İ M L E Ç Ş Y S Ü Y F S
Y E I N A E O T I E S A M T
A K A M E R A I C K G Z F İ
R Z D Y M R O R I R G I G K
M Y O S E B V M N A J L K J
B Z S V S Q L A M N U I V L
B A Y T A G M O R R Y M Z E
L A A N J P L R G Y P F P P
```

BLOG
TARAYICI
BAYT
KAMERA
BILGISAYAR
İMLEÇ
VERI
DİJİTAL
DOSYA

İNTERNET
MESAJ
ARAŞTIRMA
EKRAN
GÜVENLIK
YAZILIM
İSTATİSTİK
SANAL
VİRÜS

85 - Landscapes

```
D T C H M O K P Q Q A D A Y
Z U L A S V V O L K A N B A
B N S B H A A I R A O D U R
U D O B U D O H U M J E Z I
Z R K B I I G M A U Y N U M
D A Y M A Ğ A R A H N I L A
A Y A H B D A Ğ G T U Z N D
Ğ D N A A B I K H Ş T T E A
I M U U T G A Y Z E R E H R
K M S P A Ç Ö L J L M P I J
M Z E Z K B E L O A H E R Z
Y O V A L H I N N L A T R K
Q O J B I Q Z M Z E A N R L
L K G U K P V Y R F C C K Q
```

PLAJ
MAĞARA
ÇÖL
GAYZER
BUZUL
TEPE
BUZDAĞI
ADA
GÖL
DAĞ

VAHA
OKYANUS
YARIMADA
NEHIR
DENIZ
BATAKLIK
TUNDRA
VADI
VOLKAN
ŞELALE

86 - Visual Arts

K	S	V	I	I	I	O	O	H	F	B	F	M	P
A	Ş	A	B	L	O	N	R	E	P	T	C	İ	O
L	Y	F	N	N	V	Q	D	Y	H	Y	Y	M	R
E	B	O	Y	A	M	A	U	K	H	Z	L	A	T
M	Ş	T	V	S	T	E	B	E	Ş	İ	R	R	R
A	Ö	O	C	J	A	Ç	P	L	I	N	Z	İ	E
N	V	Ğ	R	C	Y	G	I	H	G	S	G	Q	B
Y	A	R	A	T	I	C	I	L	I	K	L	P	A
V	L	A	N	H	S	H	M	U	U	I	N	G	L
C	E	F	V	L	P	C	C	Z	S	L	Q	L	M
K	O	M	P	O	Z	I	S	Y	O	N	Y	N	U
P	E	R	S	P	E	K	T	I	F	I	L	M	M
B	A	Ş	Y	A	P	I	T	Q	H	E	M	F	U
B	N	Y	F	Z	A	Z	M	I	K	B	Y	K	J

MİMARİ
SANATÇI
TEBEŞİR
KIL
KOMPOZISYON
YARATICILIK
ŞÖVALE
FILM
BAŞYAPIT

BOYAMA
KALEM
PERSPEKTIF
FOTOĞRAF
PORTRE
HEYKEL
ŞABLON
BALMUMU

87 - Plants

```
Z Q H B Z Ç I Q M C L G L I
K Ö K L O H İ L A T K E Z I
D B A Q Y G N Ç G T K M A S
Z F N R R T Q R E Y R I G F
B A H Ç E E Q K A K T Ü S M
N R G Ü B R E F Q R M F A Z
O U B O T A N İ K S S L I Y
F S A R M A Ş I K N S O N A
P G M M F A S U L Y E R O P
B D B A Ğ A Ç A L I O A H R
U K U N G E I E E N K S L A
U N U T O O M Ç I Ç E K U K
N A Q I F Y E Ş İ L L İ K N
I H H C I F N L Q M L D P Y
```

BAMBU
FASULYE
DUT
ÇİÇEK
BOTANİK
ÇALI
KAKTÜS
GÜBRE
FLORA
ÇİÇEK

YEŞİLLİK
ORMAN
BAHÇE
ÇİMEN
SARMAŞIK
YOSUN
YAPRAK
KÖK
AĞAÇ

88 - Countries #2

```
Y A R V B L S T J O S A C U
L İ B E R Y A S U Z U R F U
Ü P Q H B P E O İ V R N B G
B A S A N G V S S D İ A B A
N K M İ N M E J C Z Y V G N
A İ E T İ Y O P Y A E U R D
N S K İ S O J N J Y U T N A
T T S J O U C A İ Z O L E L
U A İ A M R T L M J N U P P
H N K J A P O N Y A E K A O
Q P A R L S U D A N İ R L A
B S M B İ L R U S Y A K Y R
Y U N A N İ S T A N J A A A
D A N İ M A R K A G İ S G
```

ARNAVUTLUK
DANİMARKA
ETİYOPYA
YUNANİSTAN
HAİTİ
JAMAİKA
JAPONYA
LAOS
LÜBNAN
LİBERYA

MEKSİKA
NEPAL
NİJERYA
PAKİSTAN
RUSYA
SOMALİ
SUDAN
SURİYE
UGANDA

89 - Ecology

```
K F U Z E F D I F R N K I G
M U A D A L O Q A K L A K R
G A R A B O Ğ M U H M Y L Ç
D O Ğ A E R A K N N L N I E
I V O B K A L F A E U A M Ş
E I R C A L D E N İ Z K Q I
B N B Q D T I K L L K L V T
D A Ğ L A R A K Ü P P A Y L
G Ö N Ü L L Ü K O R C R Y I
B İ T K İ L E R L U E O M L
O I I N U A P F K I A S S I
Y R I P L F L N K U K M E K
B İ T K İ Ö R T Ü S Ü C A L
P T O P L U L U K M Y Z A A
```

IKLIM
TOPLULUK
ÇEŞİTLİLİK
KURAKLIK
FAUNA
FLORA
KÜRESEL
DENİZ
BATAKLIK
DAĞLAR
DOĞAL
DOĞA
BİTKİLER
KAYNAKLAR
BEKA
BİTKİ ÖRTÜSÜ
GÖNÜLLÜ

90 - Adjectives #2

```
O U C U B F J J S C Y F Q V
U T U Z L U M J M A Z K S G
E H A G N G U R U R L U Y C
Y V Ç N C I G O Z A Ü S A Y
Z E E N T E R E S A N G R S
C A N C V I H F L R L Ü A I
J S R I G V K U R U Ü Ç T C
I U O I Y E T E N E K L I A
U V S C F A U F I Q O Ü C K
A Ç I K L A Y I C I R E I C
D O Ğ A L B K S O R U M L U
V A H Ş İ V U Ü R E T K E N
N V V S A Ğ L I K L I V S J
E N G V P Z U L M S A P V L
```

OTANTIK
YARATICI
AÇIKLAYICI
KURU
ZARIF
ÜNLÜ
YETENEKLI
SAĞLIKLI
SICAK
AÇ

ENTERESAN
DOĞAL
YENI
ÜRETKEN
GURURLU
SORUMLU
TUZLU
UYKULU
GÜÇLÜ
VAHŞİ

91 - Math

```
D Q K O Ş U T O F M L M V S
E P A R A L E L K E N A R D
N A R H K B N Z V K K K A P
K R E G Ü S O O B F E G B Q
L İ A T R A Ç L L N C S M J
E T L Ç D Y A R I Ç A P I S
M M O O I I P O M O E K V R
H E L K M L T U N G O B H J
A T Ü G Y A A U S D T A Y J
C İ Ç E V R E R P K A Q A M
I K G N O C M G O B Ö L Ü M
M D E G E O M E T R İ U I R
A M N N B R S İ M E T R İ K
D I K D Ö R T G E N Y U L P
```

AÇILAR
ARİTMETİK
ONDALIK
ÇAP
BÖLÜM
DENKLEM
ÜS
KESIR
GEOMETRİ
SAYILAR

KOŞUT
PARALELKENAR
ÇEVRE
ÇOKGEN
YARIÇAP
DİKDÖRTGEN
KARE
SİMETRİ
ÜÇGEN
HACIM

92 - Water

```
D I N B Y T Y K R G D R I S
A C E E U O L A N A O S V U
L P M N H H Q S F Y N N V L
G B U Z F I A I G Z O V E A
A Y S E L I R R Ö E T J N M
L E O H Z M G G L R K A R A
A O N N S S K A N A L R K B
R J K R K N N D F N Ş Z Y F
C P U L V C U P L D E M I G
O K Y A N U S I E B U H A R
L L F T I R R I Z B H Ş V G
Y A Ğ M U R E I V A Y R K N
I Q Q M B H C T H L L M Q
A A Y M J N E R T H A G D U
```

KANAL
BUHARLAŞMA
SEL
DON
GAYZER
KASIRGA
BUZ
SULAMA
GÖL
NEM
MUSON
OKYANUS
YAĞMUR
NEHIR
DUŞ
KAR
BUHAR
DALGALAR

93 - Activities

```
A R T U D S D A N S B F T F
O E R E N P G V Z P U O V Y
P V Y L J O R C Y I L T B I
I H Ü C H K L I Z H M O A E
T D R A H A T L A M A Ğ L T
V İ Ü U Q V E I A D C R I G
S K Y O B N T K N Ö A A K U
P İ Ü R O S I H I R L F Ç O
B Ş Ş B Ş L A L Y M A Ç I K
O Y U N L A R N E E R I L U
Y Z B E C E R I A H D L I M
A E M G R U V Q N T E I K A
M V S E R A M İ K O V K A E
A K B B A H Ç I V A N L I K
```

SANAT
SERAMİK
DANS
BALIKÇILIK
OYUNLAR
BAHÇIVANLIK
YÜRÜYÜŞ
AVCILIK
ÖRME
BOŞ

SIHIR
BOYAMA
FOTOĞRAFÇILIK
ZEVK
BULMACALAR
OKUMA
RAHATLAMA
DİKİŞ
BECERI

94 - Literature

```
A R R T R A J E D İ A Z Q E
N O Ş İ İ R S E L D H R V R
L M P A T J L V E M Y U L G
A A L M S İ F E E M V Q L M
T N D V V Q M I S M E C A Z
I B İ Y O G R A F İ K T N Y
C T Y I G U A I G P A E E A
I G A T A R Z E T A F M K N
S J L T A N I M H N I A D A
P G O F D E Q S Y L Y P O L
E G G A G F L O B F E G T I
Y A Z A R M A N A L O J İ Z
K B E N O N K U R G U B Y A
V V Ş I I R I Ç D D U Z T C
```

ANALOJİ
ANALIZ
ANEKDOT
YAZAR
BİYOGRAFİ
SONUÇ
TANIM
DİYALOG
KURGU
MECAZ

ANLATICI
ROMAN
ŞIIR
ŞİİRSEL
KAFIYE
RİTİM
TARZ
TEMA
TRAJEDİ

95 - Geography

N	I	O	B	Y	A	R	I	M	K	Ü	R	E	O
T	U	D	A	Ğ	Y	D	Ü	N	Y	A	A	K	K
K	V	D	T	A	D	A	P	L	J	L	Y	H	Y
S	N	F	I	M	K	R	P	B	K	I	T	A	A
Z	A	M	J	Q	Q	V	E	V	U	E	Q	F	N
B	Ö	L	G	E	S	E	N	T	Z	D	Y	D	U
N	V	V	B	S	G	I	L	F	E	Y	C	K	S
H	E	F	O	D	Ü	R	E	T	Y	C	P	K	S
K	A	H	K	P	N	A	M	U	T	K	K	T	A
E	T	R	I	S	E	K	V	A	T	O	R	Y	T
N	L	T	İ	R	Y	I	D	E	N	I	Z	V	I
T	A	F	T	T	Y	M	E	R	İ	D	Y	E	N
K	S	G	F	J	A	J	K	U	L	G	E	S	O
A	E	B	Y	Z	A	P	O	R	K	T	L	S	M

RAKIM
ATLAS
KENT
KITA
ÜLKE
EKVATOR
YARIMKÜRE
ADA
ENLEM
HARİTA

MERİDYEN
DAĞ
KUZEY
OKYANUS
NEHIR
DENIZ
GÜNEY
BÖLGE
BATI
DÜNYA

96 - Vacation #1

```
F Q D M N B A R A B A Z U H
Y U L T R A M V A Y N K A A
J M O V O V G Ü Z E R G A H
B İ L E T U N L Z N Ş J C P
O F Y Y J L U B G E E B F A
R A H A T L A M A P M S I R
G M N S F Q Q S F P S F H A
G A J E Z E G V I Y İ B I B
N Ü F F A R N Ö S Q Y G B İ
L E M E H U B I L H E J E R
O S I R T Ç A N T A S I D İ
L B Q S Ü A A T U R I S T M
I Y Q Z R K A L K I Ş H Q İ
D H C E K E K R O Q N M F I
```

UÇAK
SIRT ÇANTASI
ARABA
PARA BİRİMİ
GÜMRÜK
KALKIŞ
SEFER
GÜZERGAH
GÖL
MÜZE
RAHATLAMA
BAVUL
BİLET
TURIST
TRAMVAY
ŞEMSİYE

97 - Pets

```
K K P T E G Q H Y A V H Y K
U E E Q F I Y B G P E N Ç E
Y Ç D R O D G M L B T K K D
R I F İ T A V Ş A N E Ö A İ
U T A R M E C B Y L R P P Y
K U R P U F N L I İ E L A
L D E Y A K A K B I N K U V
H P R K H B O T E P E Y M R
J A R K D A K A I L R A B U
J P M T N L Ö S U B E V A S
H A Z S A I P M Q A S R Ğ U
I Ğ U P T K E A O C K U A D
L A E İ N E K H K R K S Y Z
R N F N V Y R S L C Z U C V
```

KEDİ
YAKA
İNEK
KÖPEK
BALIK
GIDA
KEÇI
HAMSTER
KEDİ YAVRUSU
TASMA

KERTENKELE
FARE
PAPAĞAN
PENÇE
KÖPEK YAVRUSU
TAVŞAN
KUYRUK
KAPLUMBAĞA
VETERİNER
SU

98 - Nature

```
G E A K T G B U L U T L A R
E Ü E E K V D A Ğ L A R S N
R Q Z Q L E N R U A L E Q T
O C O E R H Z K A I R N V Y
Z H D R L J F T G Q R L O H
Y A B M M L P I S İ S R A S
O Y D F Z A I K E L A P B R
N V U S P D N K E R K N I S
H A Y A T İ T R O P İ K A L
M N G B H N E H I R N J F F
D L V T D A Ç H U Z U R L U
F A F Q G M Ö B A R I N A K
Q R U U R İ L V A H Ş İ G J
B U Z U L K Y E Ş İ L L İ K
```

HAYVANLAR
ARKTIK
GÜZELLIK
ARLAR
BULUTLAR
ÇÖL
DİNAMİK
EROZYON
SİS
YEŞİLLİK

ORMAN
BUZUL
DAĞLAR
HUZURLU
NEHIR
BARINAK
SAKİN
TROPİKAL
HAYATİ
VAHŞİ

99 - Championship

T	F	R	P	R	Y	S	T	L	H	B	R	T	L
Z	Z	C	Y	R	O	U	T	H	B	K	K	T	P
Ş	A	M	P	İ	Y	O	N	R	Q	O	A	A	K
E	F	H	Q	G	U	Y	H	L	A	Ç	Z	K	D
G	E	M	S	V	N	I	A	I	D	T	R	I	M
P	R	M	D	T	L	D	T	E	R	L	E	M	E
N	H	B	I	U	A	O	Y	S	Z	İ	F	J	F
S	S	P	O	R	R	E	E	I	T	G	I	Y	İ
D	A	Y	A	N	I	K	L	I	L	I	K	A	N
R	F	G	M	U	Q	J	B	Q	P	T	U	R	A
Q	D	G	C	V	C	Z	U	M	B	V	H	G	L
V	Z	D	V	A	M	A	D	A	L	Y	A	I	İ
K	P	E	R	F	O	R	M	A	N	S	R	Ç	S
M	O	T	İ	V	A	S	Y	O	N	Q	J	R	T

ŞAMPİYON
KOÇ
DAYANIKLILIK
FİNALİST
OYUNLAR
YARGIÇ
LİG
MADALYA

MOTİVASYON
PERFORMANS
TERLEME
SPOR
STRATEJİ
TAKIM
TURNUVA
ZAFER

100 - Vacation #2

```
T S R E S T O R A N H S V T
A F E M S Q N F İ L H D İ A
K O O Ç S U Z I F J H Z Ş
S T F A A D D A Ğ L A R E I
İ O Z B D H Z K Y Y K K F M
A Ğ Z A I P A S A P O R T A
T R E N R U H T M L K Z C C
P A Z C D E T E Y L B E A I
Z F P I C R Y I D M O T E L
Q L L G D V A U E E Ş A S I
H A V A L İ M A N I F P D K
H R H A R İ T A I C N L Z A
Z R G I Q Z D T Z M I A N B
S Z Y L F P R U P N P J A V
```

HAVALİMANI
PLAJ
HEDEF
YABANCI
OTEL
ADA
SEYAHAT
BOŞ
HARİTA
DAĞLAR

PASAPORT
FOTOĞRAFLAR
RESTORAN
DENIZ
TAKSİ
ÇADIR
TREN
TAŞIMACILIK
VİZE

1 - Food #1

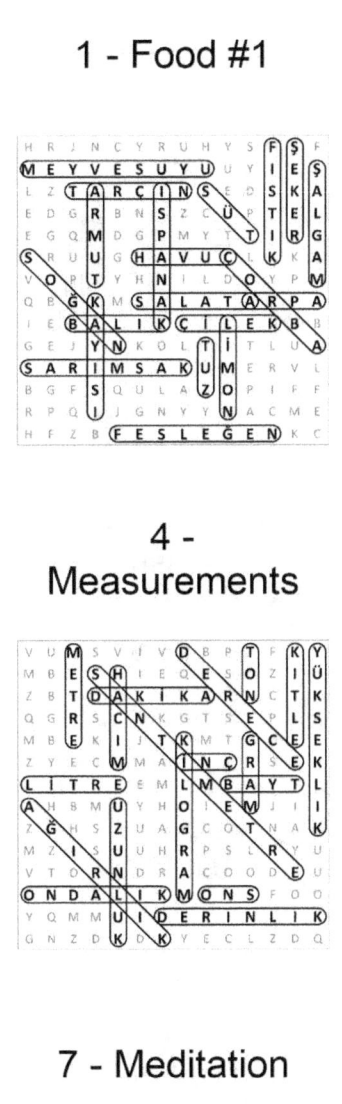

2 - Castles

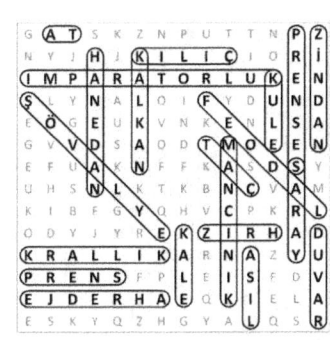

3 - Exploration

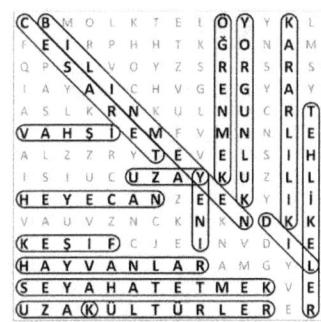

4 - Measurements

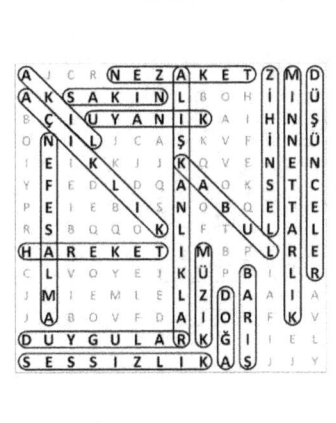

5 - Farm #2

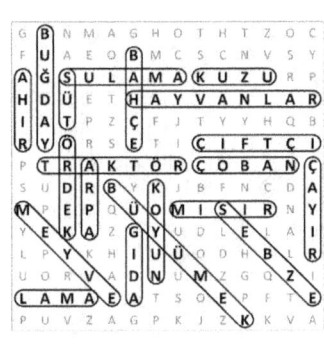

6 - Books

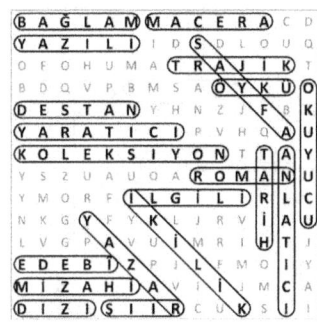

7 - Meditation

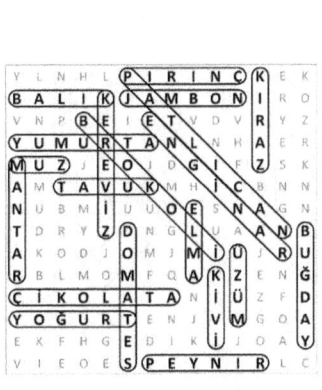

8 - Days and Months

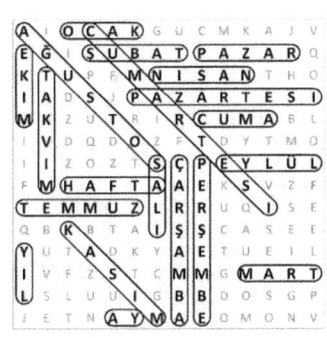

9 - Chess

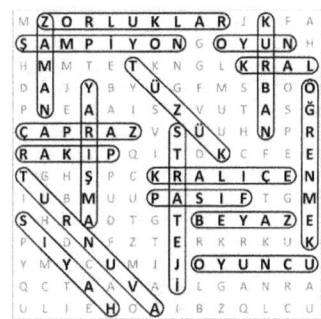

10 - Food #2

11 - Family

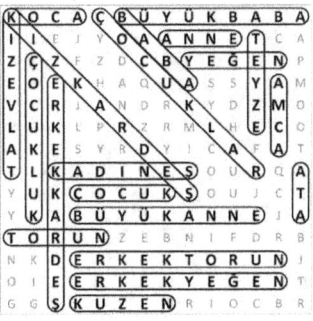

12 - Farm #1

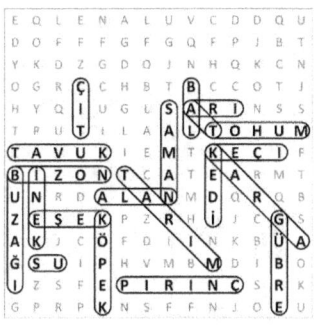

13 - Camping
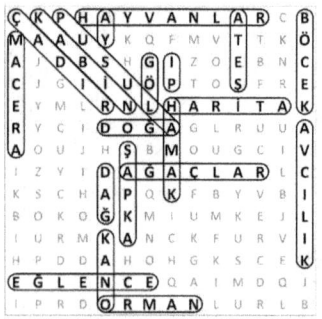

14 - Cats
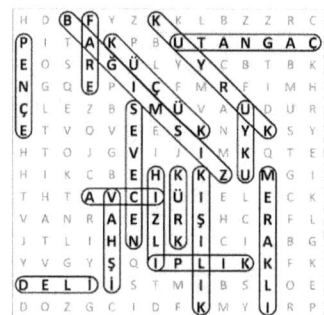

15 - Numbers
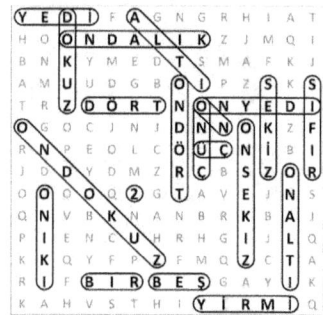

16 - Spices
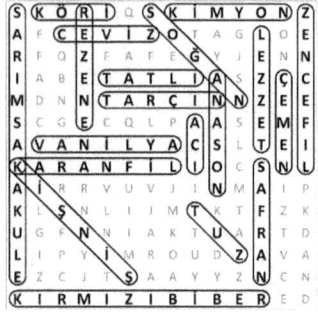

17 - Mammals
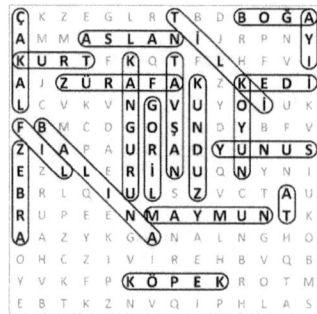

18 - Fishing
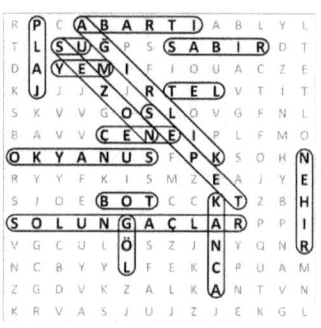

19 - Restaurant #1

20 - Bees
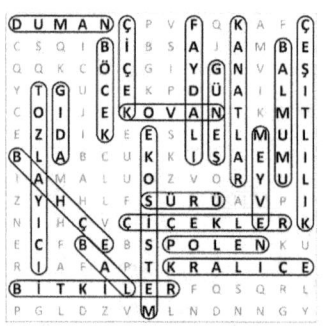

21 - Sports
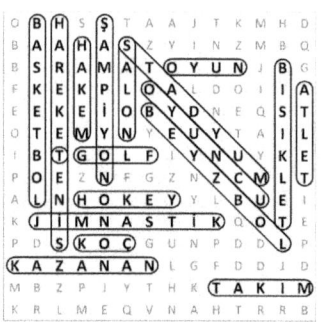

22 - Weather
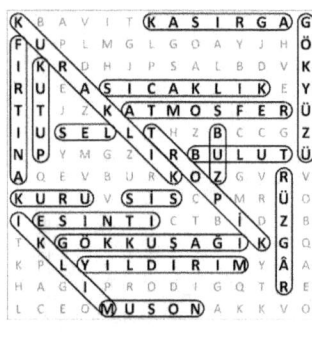

23 - Adventure
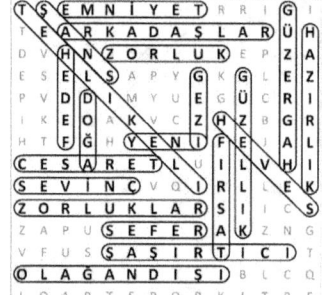

24 - Circus
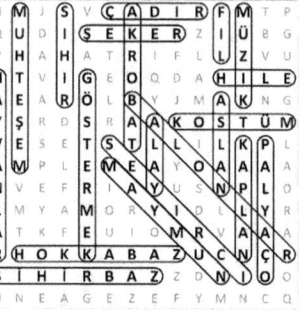

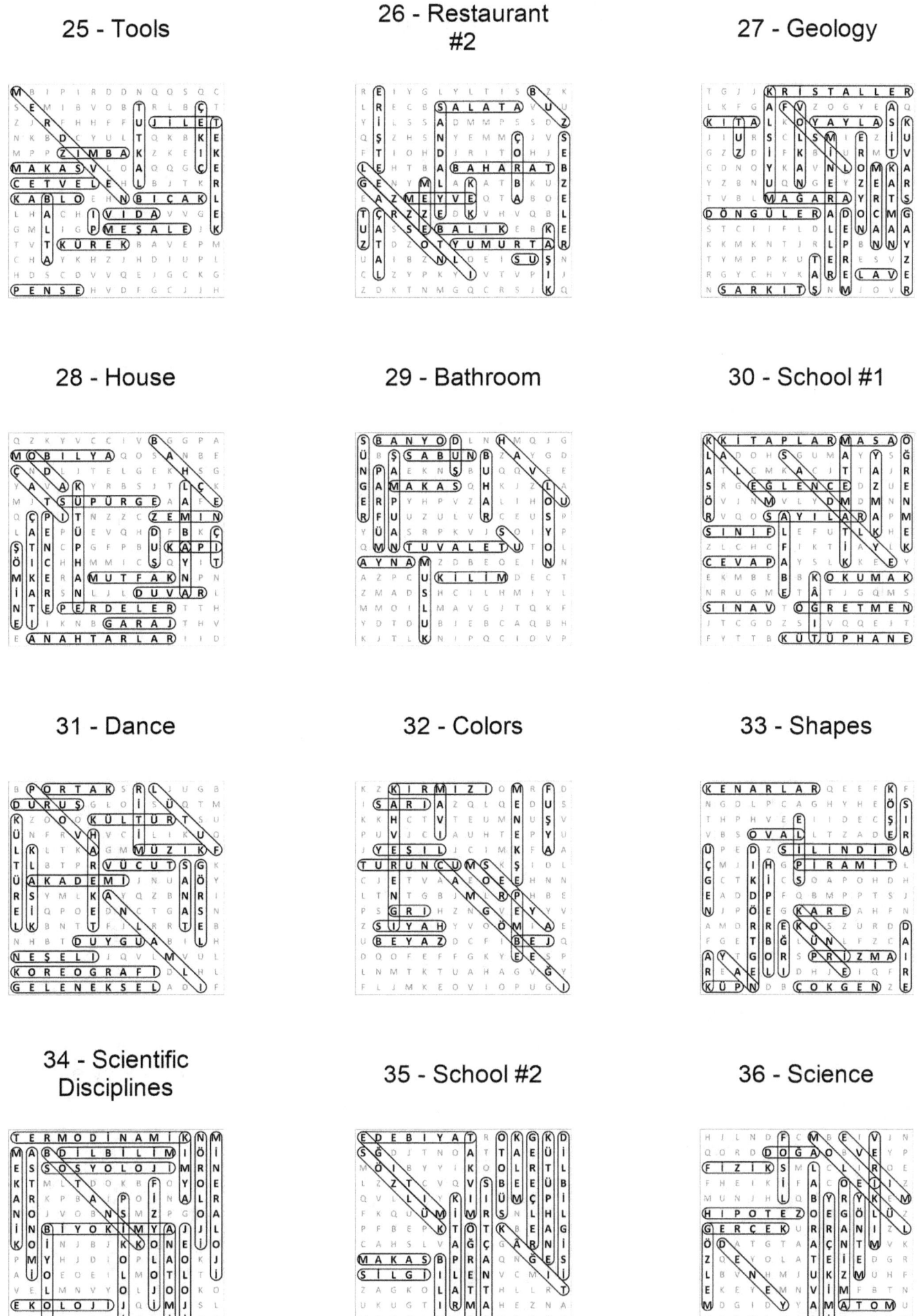

37 - To Fill
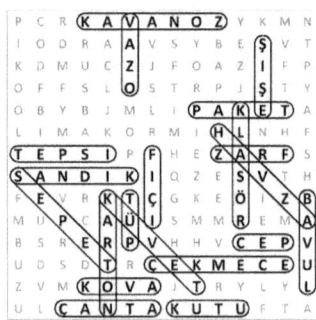

38 - Summer
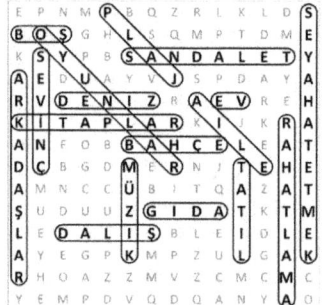

39 - Clothes
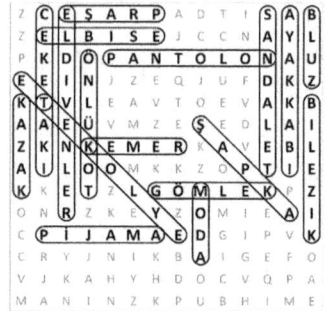

40 - Insects
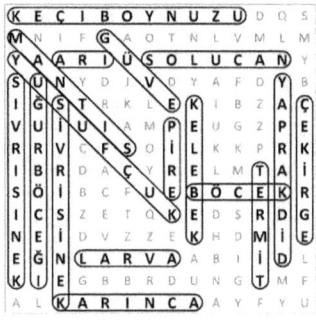

41 - Astronomy
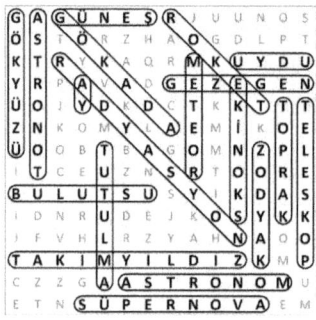

42 - Pirates
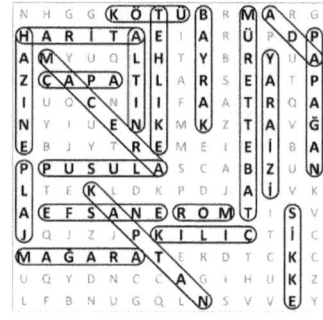

43 - Time
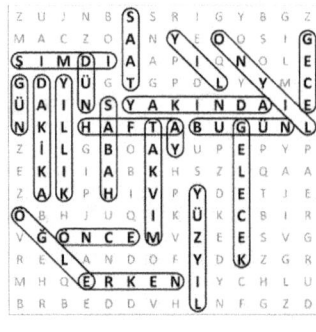

44 - Buildings
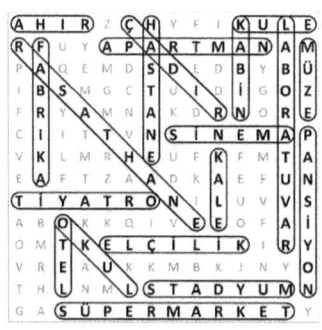

45 - Herbalism
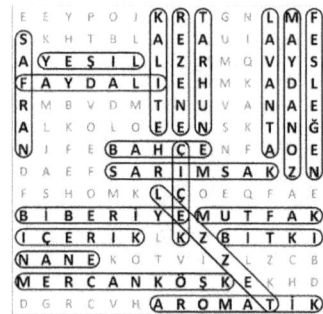

46 - Toys
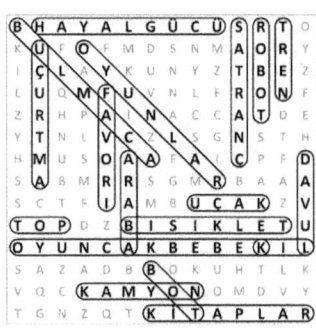

47 - Vehicles
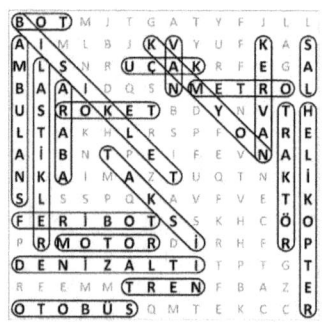

48 - Flowers
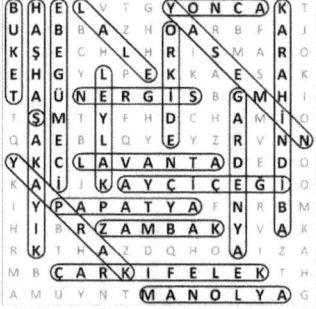

49 - Town
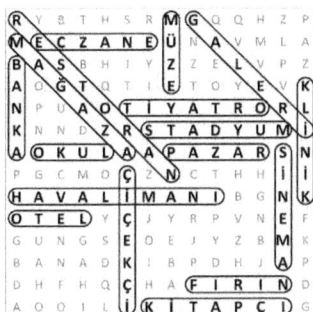

50 - Antarctica
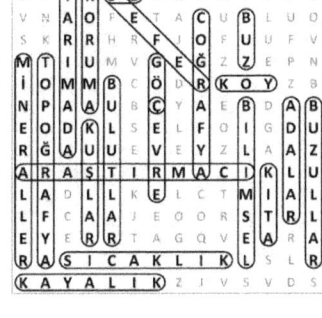

51 - Ballet
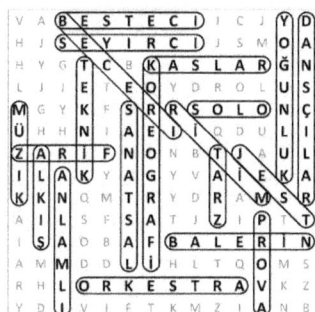

52 - Human Body
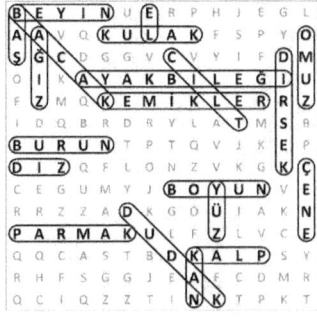

53 - Musical Instruments
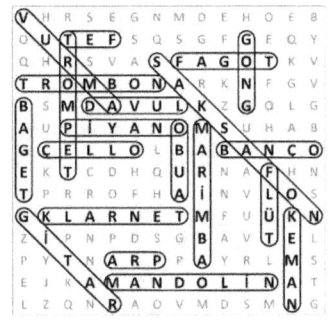

54 - Cooking Tools
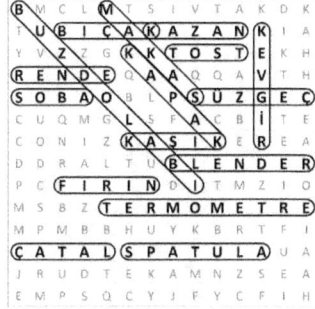

55 - Fruit
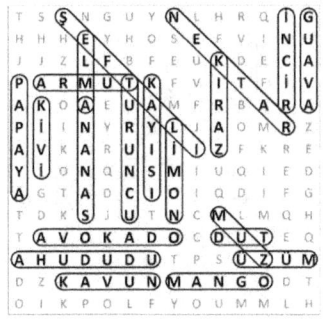

56 - Virtues #1
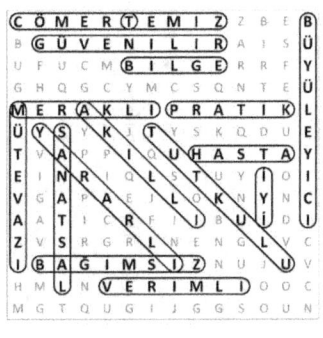

57 - Kitchen
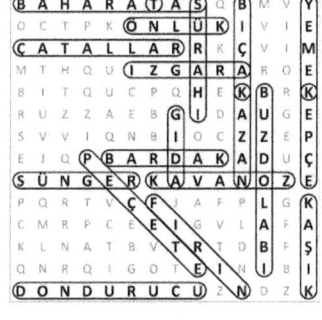

58 - Art Supplies
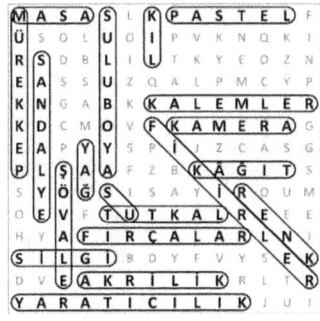

59 - Science Fiction

60 - Kindness

61 - Airplanes
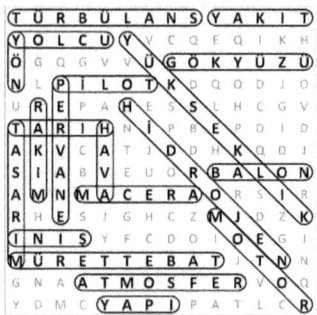

62 - Ocean

63 - Birds
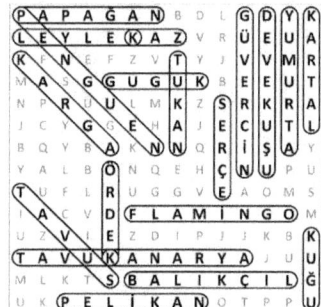

64 - Nutrition
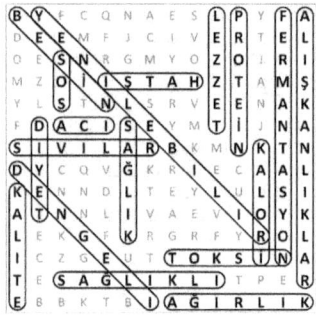

65 - Hiking
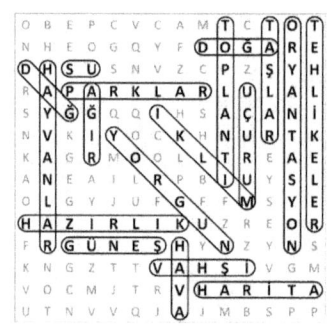

66 - Professions #1
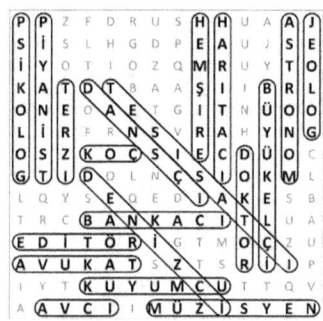

67 - Dinosaurs
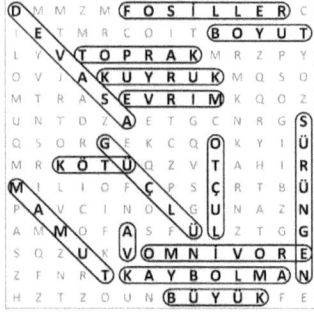

68 - Barbecues
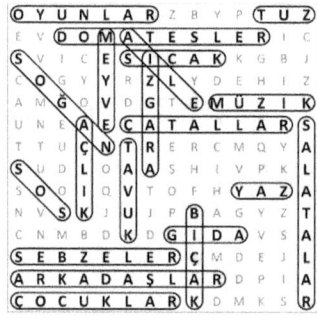

69 - Surfing
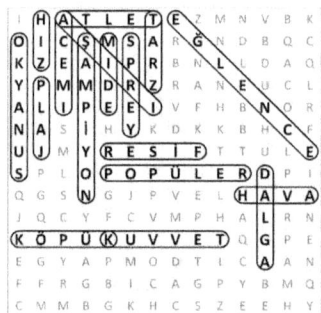

70 - Chocolate
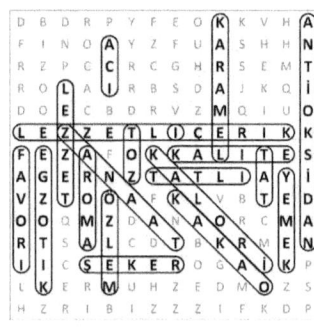

71 - Vegetables
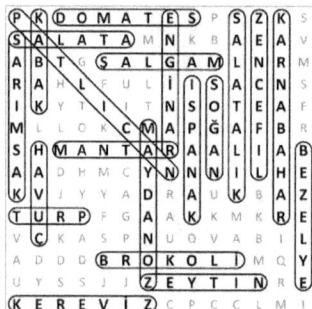

72 - Boats
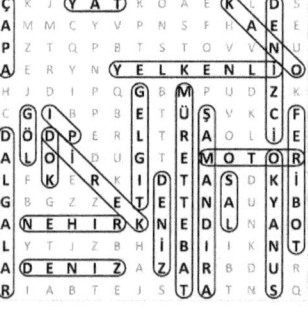

73 - Activities and Leisure

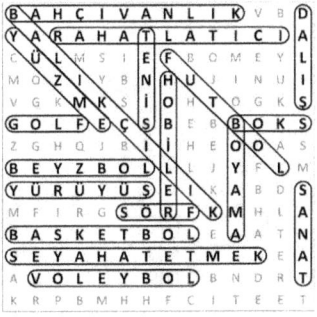

74 - Driving

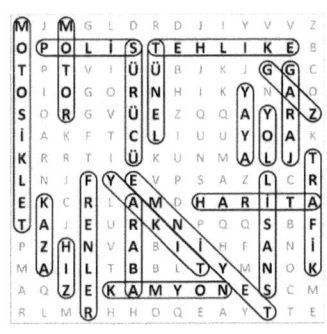

75 - Professions #2

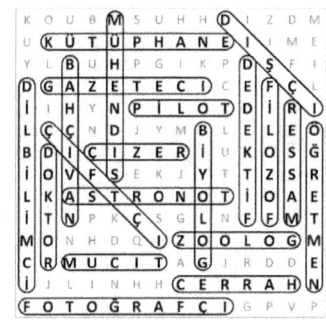

76 - Emotions

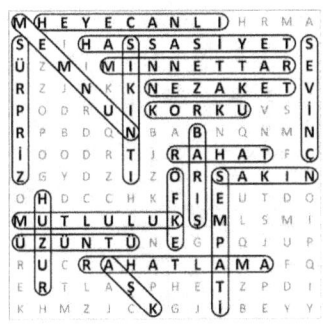

77 - Mythology

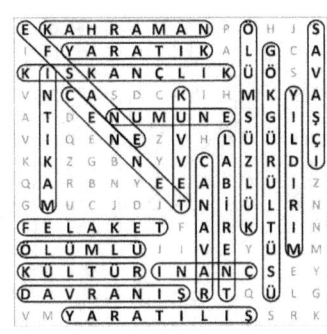

78 - Hair Types

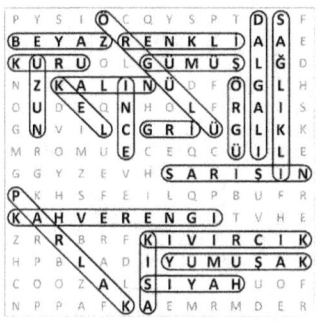

79 - Garden

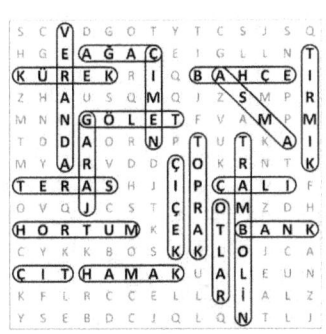

80 - Birthday

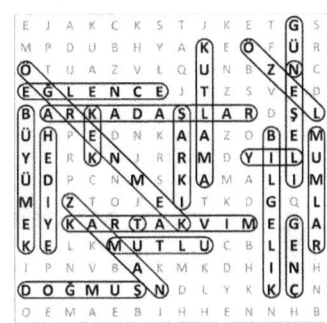

81 - Beach

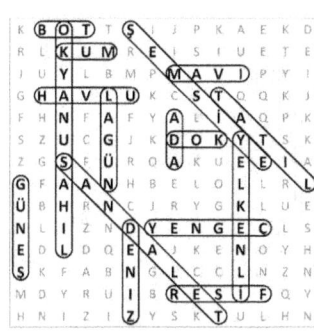

82 - Adjectives #1

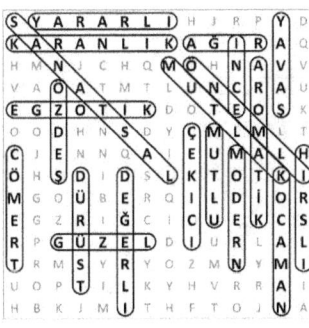

83 - Rainforest

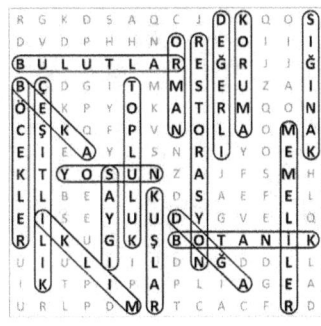

84 - Technology

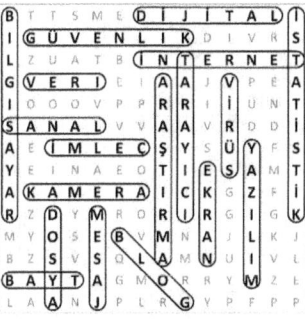

85 - Landscapes
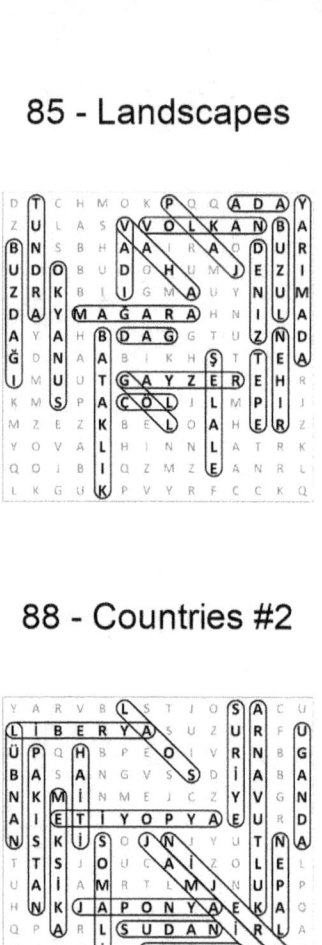

86 - Visual Arts
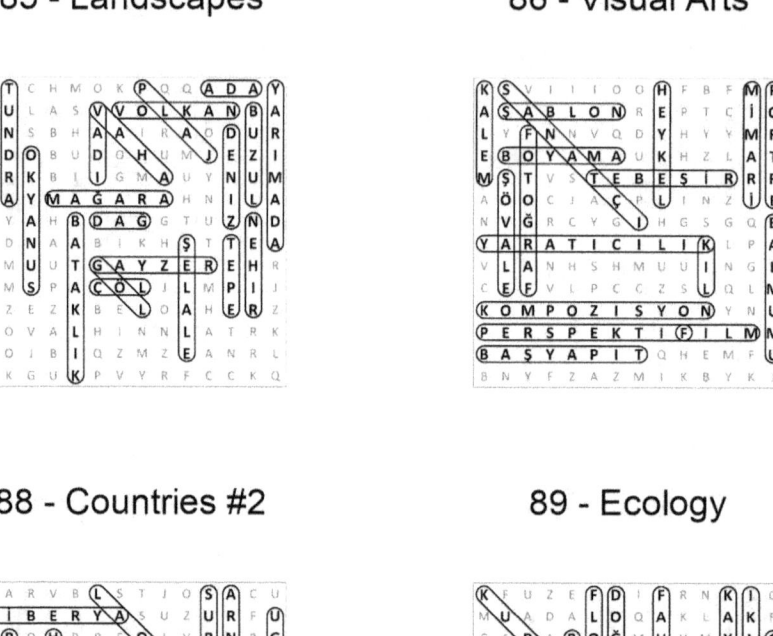

87 - Plants

88 - Countries #2

89 - Ecology

90 - Adjectives #2
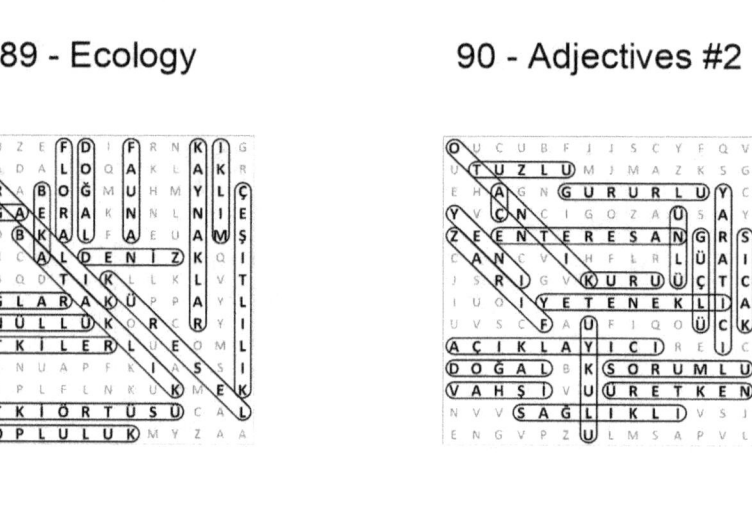

91 - Math
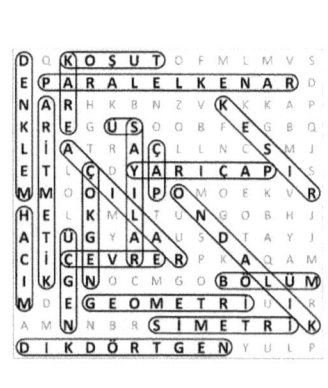

92 - Water
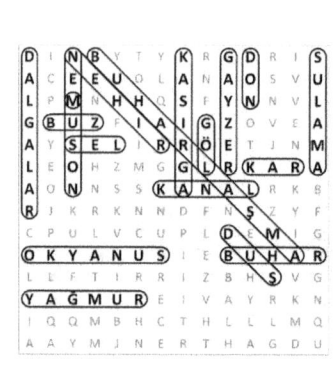

93 - Activities
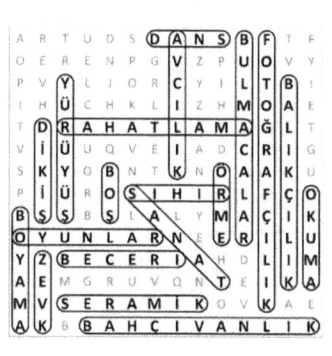

94 - Literature

95 - Geography
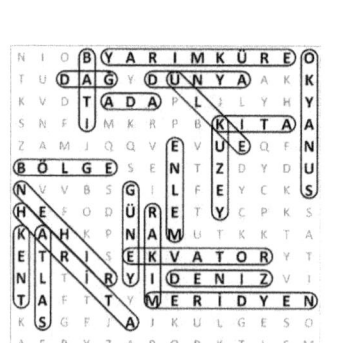

96 - Vacation #1
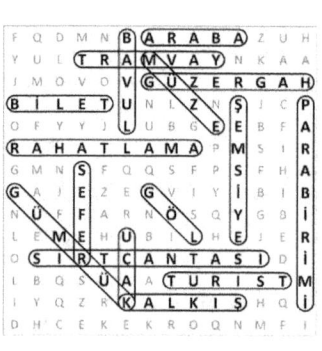

97 - Pets
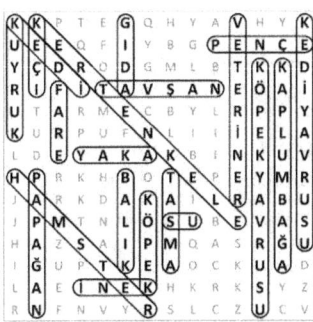

98 - Nature
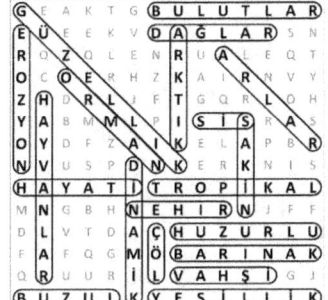

99 - Championship
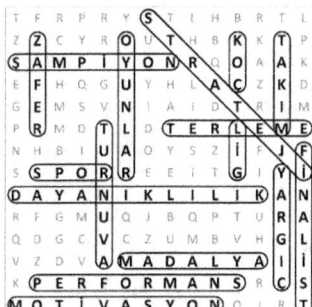

100 - Vacation #2
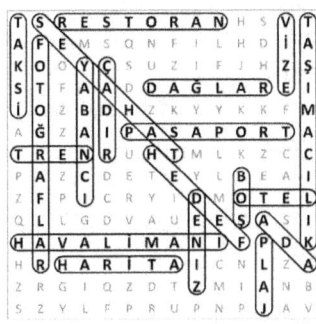

Dictionary

Activities
Etkinlikler
Art	Sanat
Ceramics	Seramik
Dancing	Dans
Fishing	Balıkçılık
Games	Oyunlar
Gardening	Bahçıvanlık
Hiking	Yürüyüş
Hunting	Avcılık
Knitting	Örme
Leisure	Boş
Magic	Sihir
Painting	Boyama
Photography	Fotoğrafçılık
Pleasure	Zevk
Puzzles	Bulmacalar
Reading	Okuma
Relaxation	Rahatlama
Sewing	Dikiş
Skill	Beceri

Activities and Leisure
Aktiviteler ve boş Zaman
Art	Sanat
Baseball	Beyzbol
Basketball	Basketbol
Boxing	Boks
Diving	Dalış
Fishing	Balıkçılık
Gardening	Bahçıvanlık
Golf	Golf
Hiking	Yürüyüş
Hobbies	Hobiler
Painting	Boyama
Relaxing	Rahatlatıcı
Soccer	Futbol
Surfing	Sörf
Swimming	Yüzme
Tennis	Tenis
Travel	Seyahat Etmek
Volleyball	Voleybol

Adjectives #1
Sıfatlar #1
Absolute	Mutlak
Ambitious	Hırslı
Aromatic	Aromatik
Artistic	Sanatsal
Attractive	Çekici
Beautiful	Güzel
Dark	Karanlık
Exotic	Egzotik
Generous	Cömert
Happy	Mutlu
Heavy	Ağır
Helpful	Yararlı
Honest	Dürüst
Huge	Kocaman
Identical	Özdeş
Important	Önemli
Modern	Modern
Slow	Yavaş
Thin	İnce
Valuable	Değerli

Adjectives #2
Sıfatlar #2
Authentic	Otantik
Creative	Yaratıcı
Descriptive	Açıklayıcı
Dry	Kuru
Elegant	Zarif
Famous	Ünlü
Gifted	Yetenekli
Healthy	Sağlıklı
Hot	Sıcak
Hungry	Aç
Interesting	Enteresan
Natural	Doğal
New	Yeni
Productive	Üretken
Proud	Gururlu
Responsible	Sorumlu
Salty	Tuzlu
Sleepy	Uykulu
Strong	Güçlü
Wild	Vahşi

Adventure
Macera
Beauty	Güzellik
Bravery	Cesaret
Challenges	Zorluklar
Chance	Şans
Dangerous	Tehlikeli
Destination	Hedef
Difficulty	Zorluk
Enthusiasm	Heves
Excursion	Gezi
Friends	Arkadaşlar
Itinerary	Güzergah
Joy	Sevinç
Nature	Doğa
Navigation	Sefer
New	Yeni
Opportunity	Fırsat
Preparation	Hazırlık
Safety	Emniyet
Surprising	Şaşırtıcı
Unusual	Olağan Dışı

Airplanes
Uçaklar
Adventure	Macera
Air	Hava
Altitude	Rakım
Atmosphere	Atmosfer
Balloon	Balon
Construction	Yapı
Crew	Mürettebat
Descent	İniş
Design	Tasarım
Direction	Yön
Engine	Motor
Fuel	Yakıt
Height	Yükseklik
History	Tarih
Hydrogen	Hidrojen
Passenger	Yolcu
Pilot	Pilot
Propellers	Pervane
Sky	Gökyüzü
Turbulence	Türbülans

Antarctica
Antarktika

Bay	Koy
Birds	Kuşlar
Clouds	Bulutlar
Conservation	Koruma
Continent	Kita
Environment	Çevre
Expedition	Sefer
Geography	Coğrafya
Glaciers	Buzullar
Ice	Buz
Islands	Adalar
Migration	Göç
Minerals	Mineraller
Peninsula	Yarimada
Researcher	Araştirmaci
Rocky	Kayalik
Scientific	Bilimsel
Temperature	Sicaklik
Topography	Topoğrafya
Water	Su

Art Supplies
Sanat Malzemeleri

Acrylic	Akrilik
Brushes	Firçalar
Camera	Kamera
Chair	Sandalye
Clay	Kil
Colors	Renk
Creativity	Yaraticilik
Easel	Şövale
Eraser	Silgi
Glue	Tutkal
Ideas	Fikirler
Ink	Mürekkep
Oil	Yağ
Paper	Kâğit
Pastels	Pastel
Pencils	Kalemler
Table	Masa
Water	Su
Watercolors	Suluboya

Astronomy
Astronomi

Astronaut	Astronot
Astronomer	Astronom
Constellation	Takimyildiz
Earth	Toprak
Eclipse	Tutulma
Equinox	Ekinoks
Galaxy	Gökada
Meteor	Meteor
Moon	Ay
Nebula	Bulutsu
Observatory	Rasathane
Planet	Gezegen
Radiation	Radyasyon
Rocket	Roket
Satellite	Uydu
Sky	Gökyüzü
Solar	Güneş
Supernova	Süpernova
Telescope	Teleskop
Zodiac	Zodyak

Ballet
Bale

Applause	Alkiş
Artistic	Sanatsal
Audience	Seyirci
Ballerina	Balerin
Choreography	Koreografi
Composer	Besteci
Dancers	Dansçilar
Expressive	Anlamli
Gesture	Jest
Graceful	Zarif
Intensity	Yoğunluk
Muscles	Kaslar
Music	Müzik
Orchestra	Orkestra
Rehearsal	Prova
Rhythm	Ritim
Skill	Beceri
Solo	Solo
Style	Tarz
Technique	Teknik

Barbecues
Barbeküler

Chicken	Tavuk
Children	Çocuklar
Family	Aile
Food	Gida
Forks	Çatallar
Friends	Arkadaşlar
Fruit	Meyve
Games	Oyunlar
Grill	Izgara
Hot	Sicak
Hunger	Açlik
Knives	Biçak
Music	Müzik
Onions	Soğan
Salads	Salatalar
Salt	Tuz
Sauce	Sos
Summer	Yaz
Tomatoes	Domatesler
Vegetables	Sebzeler

Bathroom
Banyo

Bath	Banyo
Faucet	Musluk
Lotion	Losyon
Mirror	Ayna
Perfume	Parfüm
Rug	Kilim
Scissors	Makas
Shampoo	Şampuan
Shower	Duş
Soap	Sabun
Sponge	Sünger
Steam	Buhar
Toilet	Tuvalet
Towel	Havlu
Water	Su

Beach
Plaj

Blue	Mavi
Boat	Bot
Coast	Sahil
Crab	Yengeç
Dock	Dok
Island	Ada
Lagoon	Lagün
Ocean	Okyanus
Reef	Resif
Sailboat	Yelkenli
Sand	Kum
Sandals	Sandalet
Sea	Deniz
Sun	Güneş
Towel	Havlu
Umbrella	Şemsiye
Vacation	Tatil

Bees
Arılar

Beneficial	Faydali
Blossom	Çiçek
Diversity	Çeşitlilik
Ecosystem	Ekosistem
Flowers	Çiçekler
Food	Gida
Fruit	Meyve
Garden	Bahçe
Hive	Kovan
Honey	Bal
Insect	Böcek
Plants	Bitkiler
Pollen	Polen
Pollinator	Tozlayici
Queen	Kraliçe
Smoke	Duman
Sun	Güneş
Swarm	Sürü
Wax	Balmumu
Wings	Kanatlar

Birds
Kuşlar

Canary	Kanarya
Chicken	Tavuk
Crow	Karga
Cuckoo	Guguk
Dove	Güvercin
Duck	Ördek
Eagle	Kartal
Egg	Yumurta
Flamingo	Flamingo
Goose	Kaz
Heron	Balikçil
Ostrich	Devekuşu
Parrot	Papağan
Peacock	Tavus
Pelican	Pelikan
Penguin	Penguen
Sparrow	Serçe
Stork	Leylek
Swan	Kuğu
Toucan	Tukan

Birthday
Doğum Günü

Born	Doğmuş
Cake	Kek
Calendar	Takvim
Candles	Mumlar
Cards	Kart
Celebration	Kutlama
Day	Gün
Friends	Arkadaşlar
Fun	Eğlence
Gift	Hediye
Happy	Mutlu
Joyful	Neşeli
Song	Şarki
Special	Özel
Time	Zaman
To Grow	Büyümek
To Learn	Öğrenmek
Wisdom	Bilgelik
Year	Yil
Young	Genç

Boats
Tekneler

Anchor	Çapa
Buoy	Şamandira
Canoe	Kano
Crew	Mürettebat
Dock	Dok
Engine	Motor
Ferry	Feribot
Lake	Göl
Mast	Direk
Nautical	Deniz
Ocean	Okyanus
Raft	Sal
River	Nehir
Rope	Ip
Sailboat	Yelkenli
Sailor	Denizci
Sea	Deniz
Tide	Gelgit
Waves	Dalgalar
Yacht	Yat

Books
Kitaplar

Adventure	Macera
Author	Yazar
Collection	Koleksiyon
Context	Bağlam
Duality	İkilik
Epic	Destan
Historical	Tarih
Humorous	Mizahi
Inventive	Yaratici
Literary	Edebî
Narrator	Anlatici
Novel	Roman
Page	Sayfa
Poetry	Şiir
Reader	Okuyucu
Relevant	İlgili
Series	Dizi
Story	Öykü
Tragic	Trajik
Written	Yazili

Buildings
Site

Apartment	Apartman
Barn	Ahir
Cabin	Kabin
Castle	Kale
Cinema	Sinema
Embassy	Elçilik
Factory	Fabrika
Hospital	Hastane
Hostel	Pansiyon
Hotel	Otel
Laboratory	Laboratuvar
Museum	Müze
Observatory	Rasathane
School	Okul
Stadium	Stadyum
Supermarket	Süpermarket
Tent	Çadir
Theater	Tiyatro
Tower	Kule
University	Üniversite

Camping
Kamp Yapmak

Adventure	Macera
Animals	Hayvanlar
Cabin	Kabin
Canoe	Kano
Compass	Pusula
Fire	Ateş
Forest	Orman
Fun	Eğlence
Hammock	Hamak
Hat	Şapka
Hunting	Avcilik
Insect	Böcek
Lake	Göl
Map	Harita
Moon	Ay
Mountain	Dağ
Nature	Doğa
Rope	Ip
Tent	Çadir
Trees	Ağaçlar

Castles
Kaleler

Armor	Zirh
Catapult	Mancinik
Crown	Taç
Dragon	Ejderha
Dungeon	Zindan
Dynasty	Hanedan
Empire	Imparatorluk
Feudal	Feodal
Fortress	Kale
Horse	At
Kingdom	Krallik
Knight	Şövalye
Noble	Asil
Palace	Saray
Prince	Prens
Princess	Prenses
Shield	Kalkan
Sword	Kiliç
Tower	Kule
Wall	Duvar

Cats
Kediler

Affectionate	Sevecen
Crazy	Deli
Curious	Merakli
Fast	Hizli
Fur	Kürk
Hunter	Avci
Independent	Bağimsiz
Little	Küçük
Mouse	Fare
Paw	Pençe
Personality	Kişilik
Shy	Utangaç
Sleep	Uyku
Tail	Kuyruk
Wild	Vahşi
Yarn	Iplik

Championship
Şampiyonluk

Champion	Şampiyon
Coach	Koç
Endurance	Dayaniklilik
Finalist	Finalist
Games	Oyunlar
Judge	Yargiç
League	Lig
Medal	Madalya
Motivation	Motivasyon
Performance	Performans
Perspiration	Terleme
Sports	Spor
Strategy	Strateji
Team	Takim
Tournament	Turnuva
Victory	Zafer

Chess
Satranç

Black	Siyah
Challenges	Zorluklar
Champion	Şampiyon
Contest	Yarişma
Diagonal	Çapraz
Game	Oyun
King	Kral
Opponent	Rakip
Passive	Pasif
Player	Oyuncu
Queen	Kraliçe
Rules	Tüzük
Sacrifice	Kurban
Strategy	Strateji
Time	Zaman
To Learn	Öğrenmek
Tournament	Turnuva
White	Beyaz

Chocolate
Çikolatalı

Antioxidant	Antioksidan
Aroma	Aroma
Artisanal	Zanaat
Bitter	Aci
Cacao	Kakao
Calories	Kalori
Caramel	Karamel
Craving	Özlem
Delicious	Lezzetli
Exotic	Egzotik
Favorite	Favori
Flavor	Lezzet
Ingredient	İçerik
Powder	Toz
Quality	Kalite
Sugar	Şeker
Sweet	Tatli
Taste	Tat
To Eat	Yemek

Circus
Sirk

Acrobat	Akrobat
Animals	Hayvanlar
Balloons	Balonlar
Candy	Şeker
Clown	Palyaço
Costume	Kostüm
Elephant	Fil
Juggler	Hokkabaz
Lion	Aslan
Magic	Sihir
Magician	Sihirbaz
Monkey	Maymun
Music	Müzik
Parade	Alay
Show	Göstermek
Spectacular	Muhteşem
Spectator	Seyirci
Tent	Çadir
Tiger	Kaplan
Trick	Hile

Clothes
Giyim

Apron	Önlük
Belt	Kemer
Blouse	Bluz
Bracelet	Bilezik
Dress	Elbise
Fashion	Moda
Gloves	Eldivenler
Hat	Şapka
Jacket	Ceket
Jeans	Kot
Jewelry	Taki
Necklace	Kolye
Pajamas	Pijama
Pants	Pantolon
Sandals	Sandalet
Scarf	Eşarp
Shirt	Gömlek
Shoe	Ayakkabi
Skirt	Etek
Sweater	Kazak

Colors
Renk

Beige	Bej
Black	Siyah
Blue	Mavi
Brown	Kahverengi
Cyan	Camgöbeği
Fuchsia	Fuşya
Green	Yeşil
Grey	Gri
Orange	Turuncu
Pink	Pembe
Purple	Mor
Red	Kirmizi
Sepia	Sepya
Violet	Menekşe
White	Beyaz
Yellow	Sari

Cooking Tools
Pişirme Gereçleri

Blender	Blender
Colander	Kevgir
Fork	Çatal
Grater	Rende
Kettle	Kazan
Knife	Biçak
Lid	Kapak
Oven	Firin
Refrigerator	Buzdolabi
Scissors	Makas
Spatula	Spatula
Spoon	Kaşik
Stove	Soba
Strainer	Süzgeç
Thermometer	Termometre
Toaster	Tost

Countries #2
Ülkeler #2

Albania	Arnavutluk
Denmark	Danimarka
Ethiopia	Etiyopya
Greece	Yunanistan
Haiti	Haiti
Jamaica	Jamaika
Japan	Japonya
Laos	Laos
Lebanon	Lübnan
Liberia	Liberya
Mexico	Meksika
Nepal	Nepal
Nigeria	Nijerya
Pakistan	Pakistan
Russia	Rusya
Somalia	Somali
Sudan	Sudan
Syria	Suriye
Uganda	Uganda
Ukraine	Ukrayna

Dance
Dans

Academy	Akademi
Art	Sanat
Body	Vücut
Choreography	Koreografi
Classical	Klasik
Cultural	Kültürel
Culture	Kültür
Emotion	Duygu
Expressive	Anlamli
Grace	Lütuf
Joyful	Neşeli
Movement	Hareket
Music	Müzik
Partner	Ortak
Posture	Duruş
Rehearsal	Prova
Rhythm	Ritim
Traditional	Geleneksel
Visual	Görsel

Days and Months
Günler ve Aylar

April	Nisan
August	Ağustos
Calendar	Takvim
February	Şubat
Friday	Cuma
January	Ocak
July	Temmuz
March	Mart
Monday	Pazartesi
Month	Ay
November	Kasim
October	Ekim
Saturday	Cumartesi
September	Eylül
Sunday	Pazar
Thursday	Perşembe
Tuesday	Sali
Wednesday	Çarşamba
Week	Hafta
Year	Yil

Dinosaurs
Dinozorlar

Disappearance	Kaybolma
Earth	Toprak
Enormous	Devasa
Evolution	Evrim
Fossils	Fosiller
Herbivore	Otçul
Large	Büyük
Mammoth	Mamut
Omnivore	Omnivore
Powerful	Güçlü
Prehistoric	Prehistorik
Prey	Av
Reptile	Sürüngen
Size	Boyut
Tail	Kuyruk
Vicious	Kötü
Wings	Kanatlar

Driving
Sürüş

Accident	Kaza
Brakes	Frenler
Car	Araba
Danger	Tehlike
Driver	Sürücü
Fuel	Yakit
Garage	Garaj
Gas	Gaz
License	Lisans
Map	Harita
Motor	Motor
Motorcycle	Motosiklet
Pedestrian	Yaya
Police	Polis
Road	Yol
Safety	Emniyet
Speed	Hiz
Traffic	Trafik
Truck	Kamyon
Tunnel	Tünel

Ecology
Ekoloji

Climate	Iklim
Communities	Topluluk
Diversity	Çeşitlilik
Drought	Kuraklik
Fauna	Fauna
Flora	Flora
Global	Küresel
Marine	Deniz
Marsh	Bataklik
Mountains	Dağlar
Natural	Doğal
Nature	Doğa
Plants	Bitkiler
Resources	Kaynaklar
Survival	Beka
Vegetation	Bitki Örtüsü
Volunteers	Gönüllü

Emotions
Duygular

Anger	Öfke
Bliss	Mutluluk
Boredom	Sikinti
Calm	Sakin
Excited	Heyecanli
Fear	Korku
Grateful	Minnettar
Joy	Sevinç
Kindness	Nezaket
Love	Aşk
Peace	Bariş
Relaxed	Rahat
Relief	Rahatlama
Sadness	Üzüntü
Satisfied	Memnun
Surprise	Sürpriz
Sympathy	Sempati
Tenderness	Hassasiyet
Tranquility	Huzur

Exploration
Keşif

Animals	Hayvanlar
Courage	Cesaret
Cultures	Kültürler
Determination	Kararlilik
Discovery	Keşif
Distant	Uzak
Excitement	Heyecan
Exhaustion	Yorgunluk
Hazards	Tehlikeler
Language	Dil
New	Yeni
Space	Uzay
To Learn	Öğrenmek
Travel	Seyahat Etmek
Unknown	Bilinmeyen
Wild	Vahşi

Family
Aile

Ancestor	Ata
Aunt	Teyze
Brother	Erkek Kardeş
Child	Çocuk
Childhood	Çocukluk
Children	Çocuklar
Cousin	Kuzen
Daughter	Kiz Evlat
Grandchild	Torun
Grandfather	Büyük Baba
Grandmother	Büyükanne
Grandson	Erkek Torun
Husband	Koca
Mother	Anne
Nephew	Erkek Yeğen
Niece	Yeğen
Paternal	Baba
Sister	Kiz Kardeş
Uncle	Amca
Wife	Kadin Eş

Farm #1
Çiftlik #1

Agriculture	Tarim
Bee	Ari
Bison	Bizon
Calf	Buzaği
Cat	Kedi
Chicken	Tavuk
Cow	İnek
Crow	Karga
Dog	Köpek
Donkey	Eşek
Fence	Çit
Fertilizer	Gübre
Field	Alan
Goat	Keçi
Hay	Saman
Honey	Bal
Horse	At
Rice	Pirinç
Seeds	Tohum
Water	Su

Farm #2
Çiftlik #2

Animals	Hayvanlar
Barley	Arpa
Barn	Ahir
Corn	Misir
Duck	Ördek
Farmer	Çiftçi
Food	Gida
Fruit	Meyve
Irrigation	Sulama
Lamb	Kuzu
Llama	Lama
Meadow	Çayir
Milk	Süt
Orchard	Bahçe
Sheep	Koyun
Shepherd	Çoban
To Grow	Büyümek
Tractor	Traktör
Vegetable	Sebze
Wheat	Buğday

Fishing
Balık Tutma

Bait	Yem
Basket	Sepet
Beach	Plaj
Boat	Bot
Exaggeration	Abarti
Gills	Solungaçlar
Hook	Kanca
Jaw	Çene
Lake	Göl
Ocean	Okyanus
Patience	Sabir
River	Nehir
Season	Sezon
Water	Su
Weight	Ağirlik
Wire	Tel

Flowers
Çiçekler

Bouquet	Buket
Clover	Yonca
Daffodil	Nergis
Daisy	Papatya
Dandelion	Karahindiba
Gardenia	Gardenya
Hibiscus	Ebegümeci
Jasmine	Yasemin
Lavender	Lavanta
Lilac	Leylak
Lily	Zambak
Magnolia	Manolya
Orchid	Orkide
Passionflower	Çarkifelek
Peony	Şakayik
Petal	Yaprak
Plumeria	Plumeria
Poppy	Haşhaş
Sunflower	Ayçiçeği
Tulip	Lale

Food #1
Yemek #1

Apricot	Kayisi
Barley	Arpa
Basil	Fesleğen
Carrot	Havuç
Cinnamon	Tarçin
Garlic	Sarimsak
Juice	Meyve Suyu
Lemon	Limon
Milk	Süt
Onion	Soğan
Peanut	Fistik
Pear	Armut
Salad	Salata
Salt	Tuz
Soup	Çorba
Spinach	Ispanak
Strawberry	Çilek
Sugar	Şeker
Tuna	Balik
Turnip	Şalgam

Food #2
Yemek #2

Apple	Elma
Artichoke	Enginar
Banana	Muz
Broccoli	Brokoli
Celery	Kereviz
Cheese	Peynir
Cherry	Kiraz
Chicken	Tavuk
Chocolate	Çikolata
Egg	Yumurta
Eggplant	Patlican
Fish	Balik
Grape	Üzüm
Ham	Jambon
Kiwi	Kivi
Mushroom	Mantar
Rice	Pirinç
Tomato	Domates
Wheat	Buğday
Yogurt	Yoğurt

Fruit
Meyve

Apple	Elma
Apricot	Kayisi
Avocado	Avokado
Banana	Muz
Berry	Dut
Cherry	Kiraz
Fig	İncir
Grape	Üzüm
Guava	Guava
Kiwi	Kivi
Lemon	Limon
Mango	Mango
Melon	Kavun
Nectarine	Nektar
Orange	Turuncu
Papaya	Papaya
Peach	Şeftali
Pear	Armut
Pineapple	Ananas
Raspberry	Ahududu

Garden
Bahçe

Bench	Bank
Bush	Çali
Fence	Çit
Flower	Çiçek
Garage	Garaj
Garden	Bahçe
Grass	Çimen
Hammock	Hamak
Hose	Hortum
Pond	Gölet
Porch	Veranda
Rake	Tirmik
Shovel	Kürek
Soil	Toprak
Terrace	Teras
Trampoline	Trambolin
Tree	Ağaç
Vine	Asma
Weeds	Otlar

Geography
Coğrafya

Altitude	Rakim
Atlas	Atlas
City	Kent
Continent	Kita
Country	Ülke
Equator	Ekvator
Hemisphere	Yarimküre
Island	Ada
Latitude	Enlem
Map	Harita
Meridian	Meridyen
Mountain	Dağ
North	Kuzey
Ocean	Okyanus
River	Nehir
Sea	Deniz
South	Güney
Territory	Bölge
West	Bati
World	Dünya

Geology
Jeoloji

Acid	Asit
Calcium	Kalsiyum
Cavern	Mağara
Continent	Kita
Coral	Mercan
Crystals	Kristaller
Cycles	Döngüler
Earthquake	Deprem
Erosion	Erozyon
Fossil	Fosil
Geyser	Gayzer
Lava	Lav
Layer	Katman
Minerals	Mineraller
Plateau	Yayla
Quartz	Kuvars
Salt	Tuz
Stalactite	Sarkit
Stone	Taş
Volcano	Volkan

Hair Types
Saç Tipleri

Bald	Kel
Black	Siyah
Blond	Sarişin
Braided	Örgülü
Braids	Örgü
Brown	Kahverengi
Colored	Renkli
Curly	Kivircik
Dry	Kuru
Gray	Gri
Healthy	Sağlikli
Long	Uzun
Shiny	Parlak
Short	Kisa
Silver	Gümüş
Soft	Yumuşak
Thick	Kalin
Thin	Ince
Wavy	Dalgali
White	Beyaz

Herbalism
Bitkicilik

Aromatic	Aromatik
Basil	Fesleğen
Beneficial	Faydali
Culinary	Mutfak
Fennel	Rezene
Flavor	Lezzet
Flower	Çiçek
Garden	Bahçe
Garlic	Sarimsak
Green	Yeşil
Ingredient	Içerik
Lavender	Lavanta
Marjoram	Mercanköşk
Mint	Nane
Parsley	Maydanoz
Plant	Bitki
Quality	Kalite
Rosemary	Biberiye
Saffron	Safran
Tarragon	Tarhun

Hiking
Yürüyüş

Animals	Hayvanlar
Cliff	Uçurum
Climate	Iklim
Hazards	Tehlikeler
Heavy	Ağir
Map	Harita
Mountain	Dağ
Nature	Doğa
Orientation	Oryantasyon
Parks	Parklar
Preparation	Hazirlik
Stones	Taşlar
Summit	Toplanti
Sun	Güneş
Tired	Yorgun
Water	Su
Weather	Hava
Wild	Vahşi

House
Ev

Attic	Çati Kati
Broom	Süpürge
Curtains	Perdeler
Door	Kapi
Fence	Çit
Fireplace	Şömine
Floor	Zemin
Furniture	Mobilya
Garage	Garaj
Garden	Bahçe
Keys	Anahtarlar
Kitchen	Mutfak
Lamp	Lamba
Library	Kütüphane
Mirror	Ayna
Roof	Çati
Room	Oda
Shower	Duş
Wall	Duvar
Window	Pencere

Human Body
İnsan Vücudu

Ankle	Ayak Bileği
Blood	Kan
Bones	Kemikler
Brain	Beyin
Chin	Çene
Ear	Kulak
Elbow	Dirsek
Face	Yüz
Finger	Parmak
Hand	El
Head	Baş
Heart	Kalp
Knee	Diz
Leg	Bacak
Lips	Dudak
Mouth	Ağiz
Neck	Boyun
Nose	Burun
Shoulder	Omuz
Skin	Cilt

Insects
Böcekler

Ant	Karinca
Aphid	Yaprakdid
Bee	Ari
Beetle	Böcek
Butterfly	Kelebek
Cicada	Ağustosböceği
Dragonfly	Yusufçuk
Flea	Pire
Gnat	Sivrisinek
Grasshopper	Çekirge
Ladybug	Uğur Böceği
Larva	Larva
Locust	Keçiboynuzu
Mantis	Mantis
Mosquito	Sivrisinek
Moth	Güve
Termite	Termit
Wasp	Yaban Arisi
Worm	Solucan

Kindness
Nezaket

Affectionate	Sevecen
Attentive	Özenli
Friendly	Dostça
Generous	Cömert
Genuine	Gerçek
Happy	Mutlu
Helpful	Yararli
Honest	Dürüst
Hospitable	Misafirperver
Loving	Seven
Patient	Hasta
Receptive	Alici
Reliable	Güvenilir
Respectful	Saygili
Tolerant	Hoşgörülü
Understanding	Anlayiş

Kitchen
Mutfak

Apron	Önlük
Bowl	Tas
Cups	Bardak
Food	Gida
Forks	Çatallar
Freezer	Dondurucu
Grill	Izgara
Jar	Kavanoz
Jug	Sürahi
Kettle	Kazan
Knives	Biçak
Ladle	Kepçe
Napkin	Peçete
Oven	Firin
Refrigerator	Buzdolabi
Spices	Baharat
Sponge	Sünger
Spoons	Kaşik
To Eat	Yemek

Landscapes
Manzaralar

Beach	Plaj
Cave	Mağara
Desert	Çöl
Geyser	Gayzer
Glacier	Buzul
Hill	Tepe
Iceberg	Buzdaği
Island	Ada
Lake	Göl
Mountain	Dağ
Oasis	Vaha
Ocean	Okyanus
Peninsula	Yarimada
River	Nehir
Sea	Deniz
Swamp	Bataklik
Tundra	Tundra
Valley	Vadi
Volcano	Volkan
Waterfall	Şelale

Literature
Edebiyat

Analogy	Analoji
Analysis	Analiz
Anecdote	Anekdot
Author	Yazar
Biography	Biyografi
Comparison	Karşilaştirma
Conclusion	Sonuç
Description	Tanim
Dialogue	Diyalog
Fiction	Kurgu
Metaphor	Mecaz
Narrator	Anlatici
Novel	Roman
Poem	Şiir
Poetic	Şiirsel
Rhyme	Kafiye
Rhythm	Ritim
Style	Tarz
Theme	Tema
Tragedy	Trajedi

Mammals
Memeliler

Bear	Ayi
Beaver	Kunduz
Bull	Boğa
Cat	Kedi
Coyote	Çakal
Dog	Köpek
Dolphin	Yunus
Elephant	Fil
Fox	Tilki
Giraffe	Zürafa
Gorilla	Goril
Horse	At
Kangaroo	Kanguru
Lion	Aslan
Monkey	Maymun
Rabbit	Tavşan
Sheep	Koyun
Whale	Balina
Wolf	Kurt
Zebra	Zebra

Math
Matematik

Angles	Açilar
Arithmetic	Aritmetik
Decimal	Ondalik
Diameter	Çap
Division	Bölüm
Equation	Denklem
Exponent	Üs
Fraction	Kesir
Geometry	Geometri
Numbers	Sayilar
Parallel	Koşut
Parallelogram	Paralelkenar
Perimeter	Çevre
Polygon	Çokgen
Radius	Yariçap
Rectangle	Dikdörtgen
Square	Kare
Symmetry	Simetri
Triangle	Üçgen
Volume	Hacim

Measurements
Ölçümler

Byte	Bayt
Centimeter	Santimetre
Decimal	Ondalik
Degree	Derece
Depth	Derinlik
Gram	Gram
Height	Yükseklik
Inch	İnç
Kilogram	Kilogram
Kilometer	Kilometre
Length	Uzunluk
Liter	Litre
Mass	Kitle
Meter	Metre
Minute	Dakika
Ounce	Ons
Ton	Ton
Volume	Hacim
Weight	Ağirlik
Width	Genişlik

Meditation
Meditasyon

Acceptance	Kabul
Awake	Uyanik
Breathing	Nefes Alma
Calm	Sakin
Clarity	Açiklik
Compassion	Merhamet
Emotions	Duygular
Gratitude	Minnettarlik
Habits	Alişkanliklar
Kindness	Nezaket
Mental	Zihinsel
Mind	Akil
Movement	Hareket
Music	Müzik
Nature	Doğa
Peace	Bariş
Perspective	Perspektif
Silence	Sessizlik
Thoughts	Düşünceler
To Learn	Öğrenmek

Musical Instruments
Enstrüman

Banjo	Banço
Bassoon	Fagot
Cello	Çello
Clarinet	Klarnet
Drum	Davul
Drumsticks	Baget
Flute	Flüt
Gong	Gong
Guitar	Gitar
Harp	Arp
Mandolin	Mandolin
Marimba	Marimba
Oboe	Obua
Percussion	Vurma
Piano	Piyano
Saxophone	Saksafon
Tambourine	Tef
Trombone	Trombon
Trumpet	Trompet
Violin	Keman

Mythology
Mitoloji

Archetype	Numune
Behavior	Davraniş
Beliefs	Inanç
Creation	Yaratiliş
Creature	Yaratik
Culture	Kültür
Disaster	Felaket
Heaven	Cennet
Hero	Kahraman
Immortality	Ölümsüzlük
Jealousy	Kiskançlik
Labyrinth	Labirent
Legend	Efsane
Lightning	Yildirim
Monster	Canavar
Mortal	Ölümlü
Revenge	Intikam
Strength	Kuvvet
Thunder	Gök Gürültüsü
Warrior	Savaşçi

Nature
Doğa

Animals	Hayvanlar
Arctic	Arktik
Beauty	Güzellik
Bees	Arlar
Clouds	Bulutlar
Desert	Çöl
Dynamic	Dinamik
Erosion	Erozyon
Fog	Sis
Foliage	Yeşillik
Forest	Orman
Glacier	Buzul
Mountains	Dağlar
Peaceful	Huzurlu
River	Nehir
Sanctuary	Barinak
Serene	Sakin
Tropical	Tropikal
Vital	Hayati
Wild	Vahşi

Numbers
Şiir

Decimal	Ondalik
Eight	Sekiz
Eighteen	Onsekiz
Five	Beş
Four	Dört
Fourteen	On Dört
Nine	Dokuz
Nineteen	On Dokuz
One	Bir
Seven	Yedi
Seventeen	On Yedi
Six	Alti
Sixteen	On Alti
Ten	On
Thirteen	On Üç
Three	Üç
Twelve	On Iki
Twenty	Yirmi
Two	2
Zero	Sifir

Nutrition
Beslenme

Appetite	İştah
Balanced	Dengeli
Bitter	Acı
Calories	Kalori
Diet	Diyet
Digestion	Sindirim
Edible	Yenilebilir
Fermentation	Fermantasyon
Flavor	Lezzet
Habits	Alışkanlıklar
Health	Sağlık
Healthy	Sağlıklı
Liquids	Sıvılar
Nutrient	Besin
Proteins	Protein
Quality	Kalite
Sauce	Sos
Toxin	Toksin
Vitamin	Vitamini
Weight	Ağırlık

Ocean
Okyanus

Algae	Yosun
Boat	Bot
Coral	Mercan
Crab	Yengeç
Dolphin	Yunus
Eel	Yılan Balığı
Fish	Balık
Jellyfish	Denizanası
Octopus	Ahtapot
Oyster	İstiridye
Reef	Resif
Salt	Tuz
Shark	Köpekbalığı
Shrimp	Karides
Sponge	Sünger
Storm	Fırtına
Tides	Gelgit
Turtle	Kaplumbağa
Waves	Dalgalar
Whale	Balina

Pets
Evcil Hayvan

Cat	Kedi
Collar	Yaka
Cow	İnek
Dog	Köpek
Fish	Balık
Food	Gıda
Goat	Keçi
Hamster	Hamster
Kitten	Kedi Yavrusu
Leash	Tasma
Lizard	Kertenkele
Mouse	Fare
Parrot	Papağan
Paws	Pençe
Puppy	Köpek Yavrusu
Rabbit	Tavşan
Tail	Kuyruk
Turtle	Kaplumbağa
Veterinarian	Veteriner
Water	Su

Pirates
Korsanlar

Adventure	Macera
Anchor	Çapa
Bad	Kötü
Beach	Plaj
Captain	Kaptan
Cave	Mağara
Coins	Sikke
Compass	Pusula
Crew	Mürettebat
Danger	Tehlike
Flag	Bayrak
Gold	Altın
Island	Ada
Legend	Efsane
Map	Harita
Parrot	Papağan
Rum	Rom
Scar	Yara İzi
Sword	Kılıç
Treasure	Hazine

Plants
Bitkiler

Bamboo	Bambu
Bean	Fasulye
Berry	Dut
Blossom	Çiçek
Botany	Botanik
Bush	Çalı
Cactus	Kaktüs
Fertilizer	Gübre
Flora	Flora
Flower	Çiçek
Foliage	Yeşillik
Forest	Orman
Garden	Bahçe
Grass	Çimen
Ivy	Sarmaşık
Moss	Yosun
Petal	Yaprak
Root	Kök
Tree	Ağaç
Vegetation	Bitki Örtüsü

Professions #1
Meslekler #1

Ambassador	Büyükelçi
Astronomer	Astronom
Attorney	Avukat
Banker	Bankacı
Cartographer	Haritacı
Coach	Koç
Dancer	Dansçı
Doctor	Doktor
Editor	Editör
Geologist	Jeolog
Hunter	Avcı
Jeweler	Kuyumcu
Musician	Müzisyen
Nurse	Hemşire
Pianist	Piyanist
Plumber	Tesisatçı
Psychologist	Psikolog
Sailor	Denizci
Tailor	Terzi
Veterinarian	Veteriner

Professions #2
Meslekler #2

Astronaut	Astronot
Biologist	Biyolog
Dentist	Dişçi
Detective	Dedektif
Engineer	Mühendis
Farmer	Çiftçi
Gardener	Bahçıvan
Illustrator	Çizer
Inventor	Mucit
Journalist	Gazeteci
Librarian	Kütüphane
Linguist	Dilbilimci
Painter	Ressam
Philosopher	Filozof
Photographer	Fotoğrafçı
Physician	Doktor
Pilot	Pilot
Surgeon	Cerrah
Teacher	Öğretmen
Zoologist	Zoolog

Rainforest
Yağmur Ormanları

Birds	Kuşlar
Botanical	Botanik
Climate	İklim
Clouds	Bulutlar
Community	Topluluk
Diversity	Çeşitlilik
Insects	Böcekler
Jungle	Orman
Mammals	Memeliler
Moss	Yosun
Nature	Doğa
Preservation	Koruma
Refuge	Sığınak
Respect	Saygı
Restoration	Restorasyon
Survival	Beka
Valuable	Değerli

Restaurant #1
1 Numaralı Restoran

Allergy	Alerji
Bowl	Tas
Bread	Ekmek
Chicken	Tavuk
Coffee	Kahve
Dessert	Tatlı
Food	Gıda
Kitchen	Mutfak
Knife	Bıçak
Meat	Et
Menu	Menü
Napkin	Peçete
Plate	Tabak
Reservation	Rezervasyon
Sauce	Sos
Spicy	Baharatlı
To Eat	Yemek
Waitress	Bayan Garson

Restaurant #2
Restoran #2

Appetizer	Meze
Cake	Kek
Chair	Sandalye
Delicious	Lezzetli
Eggs	Yumurta
Fish	Balık
Fork	Çatal
Fruit	Meyve
Ice	Buz
Noodles	Erişte
Salad	Salata
Salt	Tuz
Soup	Çorba
Spices	Baharat
Spoon	Kaşık
Vegetables	Sebzeler
Waiter	Garson
Water	Su

School #1
Okul #1

Alphabet	Alfabe
Answers	Cevap
Books	Kitaplar
Chair	Sandalye
Classroom	Sınıf
Desk	Masa
Exams	Sınav
Folders	Klasör
Friends	Arkadaşlar
Fun	Eğlence
Library	Kütüphane
Math	Matematik
Numbers	Sayılar
Paper	Kâğıt
Pencil	Kalem
Pens	Kalemler
Teacher	Öğretmen
To Learn	Öğrenmek
To Read	Okumak
To Write	Yazmak

School #2
Okul #2

Academic	Akademik
Backpack	Sırt Çantası
Books	Kitaplar
Bus	Otobüs
Calendar	Takvim
Computer	Bilgisayar
Dictionary	Sözlük
Education	Eğitim
Eraser	Silgi
Friends	Arkadaşlar
Grammar	Dilbilgisi
Library	Kütüphane
Literature	Edebiyat
Paper	Kâğıt
Pencil	Kalem
Science	Bilim
Scissors	Makas
Supplies	Gereçler
Teacher	Öğretmen
Weekends	Hafta Sonu

Science
Bilim

Atom	Atom
Chemical	Kimyasal
Climate	Iklim
Data	Veri
Evolution	Evrim
Experiment	Deney
Fact	Gerçek
Fossil	Fosil
Gravity	Yerçekimi
Hypothesis	Hipotez
Laboratory	Laboratuvar
Method	Yöntem
Minerals	Mineraller
Molecules	Molekül
Nature	Doğa
Observation	Gözlem
Organism	Organizma
Particles	Parçaciklar
Physics	Fizik
Plants	Bitkiler

Science Fiction
Bilim Kurgu

Atomic	Atomik
Books	Kitaplar
Chemicals	Kimyasallar
Cinema	Sinema
Clones	Klonlar
Explosion	Patlama
Extreme	Aşiri
Fantastic	Fantastik
Fire	Ateş
Futuristic	Fütüristik
Galaxy	Gökada
Illusion	Yanilsama
Imaginary	Hayali
Mysterious	Gizemli
Oracle	Kehanet
Planet	Gezegen
Robots	Robotlar
Technology	Teknoloji
Utopia	Ütopya
World	Dünya

Scientific Disciplines
Bilimsel Disiplinler

Anatomy	Anatomi
Archaeology	Arkeoloji
Astronomy	Astronomi
Biochemistry	Biyokimya
Biology	Biyoloji
Botany	Botanik
Chemistry	Kimya
Ecology	Ekoloji
Geology	Jeoloji
Immunology	İmmünoloji
Kinesiology	Kinesiyoloji
Linguistics	Dilbilim
Mechanics	Mekanik
Mineralogy	Mineraloji
Neurology	Nöroloji
Physiology	Fizyoloji
Psychology	Psikoloji
Sociology	Sosyoloji
Thermodynamics	Termodinamik
Zoology	Zooloji

Shapes
Şekilliler

Arc	Ark
Circle	Daire
Cone	Koni
Corner	Köşe
Cube	Küp
Curve	Eğri
Cylinder	Silindir
Edges	Kenarlar
Ellipse	Elips
Hyperbola	Hiperbol
Line	Sira
Oval	Oval
Polygon	Çokgen
Prism	Prizma
Pyramid	Piramit
Rectangle	Dikdörtgen
Side	Yan
Sphere	Küre
Square	Kare
Triangle	Üçgen

Spices
Baharat

Anise	Anason
Bitter	Aci
Cardamom	Kakule
Cinnamon	Tarçin
Clove	Karanfil
Coriander	Kişniş
Cumin	Kimyon
Curry	Köri
Fennel	Rezene
Fenugreek	Çemen
Flavor	Lezzet
Garlic	Sarimsak
Ginger	Zencefil
Nutmeg	Ceviz
Onion	Soğan
Paprika	Kirmizi Biber
Saffron	Safran
Salt	Tuz
Sweet	Tatli
Vanilla	Vanilya

Sports
Spor

Athlete	Atlet
Baseball	Beyzbol
Basketball	Basketbol
Bicycle	Bisiklet
Championship	Şampiyon
Coach	Koç
Game	Oyun
Golf	Golf
Gymnasium	Salon
Gymnastics	Jimnastik
Hockey	Hokey
Movement	Hareket
Player	Oyuncu
Referee	Hakem
Stadium	Stadyum
Team	Takim
Tennis	Tenis
Winner	Kazanan

Summer
Yaz

Beach	Plaj
Books	Kitaplar
Diving	Dalış
Family	Aile
Food	Gida
Friends	Arkadaşlar
Games	Oyunlar
Garden	Bahçe
Home	Ev
Joy	Sevinç
Leisure	Boş
Music	Müzik
Relaxation	Rahatlama
Sandals	Sandalet
Sea	Deniz
Travel	Seyahat Etmek
Vacation	Tatil

Surfing
Sörf Yapmak

Athlete	Atlet
Beach	Plaj
Beginner	Acemi
Champion	Şampiyon
Extreme	Aşiri
Foam	Köpük
Fun	Eğlence
Ocean	Okyanus
Popular	Popüler
Reef	Resif
Speed	Hiz
Spray	Sprey
Stomach	Mide
Strength	Kuvvet
Style	Tarz
Wave	Dalga
Weather	Hava

Technology
Teknoloji

Blog	Blog
Browser	Tarayici
Bytes	Bayt
Camera	Kamera
Computer	Bilgisayar
Cursor	İmleç
Data	Veri
Digital	Dijital
File	Dosya
Internet	İnternet
Message	Mesaj
Research	Araştirma
Screen	Ekran
Security	Güvenlik
Software	Yazilim
Statistics	İstatistik
Virtual	Sanal
Virus	Virüs

Time
Zaman

Annual	Yillik
Before	Önce
Calendar	Takvim
Century	Yüzyil
Day	Gün
Decade	On Yil
Early	Erken
Future	Gelecek
Hour	Saat
Minute	Dakika
Month	Ay
Morning	Sabah
Night	Gece
Noon	Öğle
Now	Şimdi
Soon	Yakinda
Today	Bugün
Week	Hafta
Year	Yil
Yesterday	Dün

To Fill
Doldurmak

Bag	Çanta
Barrel	Fiçi
Basin	Havza
Basket	Sepet
Bottle	Şişe
Box	Kutu
Bucket	Kova
Carton	Karton
Crate	Sandik
Drawer	Çekmece
Envelope	Zarf
Folder	Klasör
Jar	Kavanoz
Packet	Paket
Pocket	Cep
Suitcase	Bavul
Tray	Tepsi
Tub	Küvet
Tube	Tüp
Vase	Vazo

Tools
Araçlar

Axe	Balta
Cable	Kablo
Glue	Tutkal
Hammer	Çekiç
Knife	Biçak
Ladder	Merdiven
Pliers	Pense
Razor	Jilet
Rope	Ip
Ruler	Cetvel
Scissors	Makas
Screw	Vida
Shovel	Kürek
Stapler	Zimba
Torch	Meşale
Wheel	Tekerlek

Town
Kasaba

Airport	Havalimani
Bakery	Firin
Bank	Banka
Bookstore	Kitapçi
Cinema	Sinema
Clinic	Klinik
Florist	Çiçekçi
Gallery	Galeri
Hotel	Otel
Library	Kütüphane
Market	Pazar
Museum	Müze
Pharmacy	Eczane
Restaurant	Restoran
School	Okul
Stadium	Stadyum
Store	Mağaza
Supermarket	Süpermarket
Theater	Tiyatro
University	Üniversite

Toys
Oyuncaklar

Airplane	Uçak
Ball	Top
Bicycle	Bisiklet
Boat	Bot
Books	Kitaplar
Car	Araba
Chess	Satranç
Clay	Kil
Doll	Oyuncak Bebek
Drums	Davul
Favorite	Favori
Games	Oyunlar
Imagination	Hayal Gücü
Kite	Uçurtma
Puzzle	Bulmaca
Robot	Robot
Train	Tren
Truck	Kamyon

Vacation #1
Tatil #1

Airplane	Uçak
Backpack	Sirt Çantasi
Car	Araba
Currency	Para Birimi
Customs	Gümrük
Departure	Kalkiş
Expedition	Sefer
Itinerary	Güzergah
Lake	Göl
Museum	Müze
Relaxation	Rahatlama
Suitcase	Bavul
Ticket	Bilet
Tourist	Turist
Tram	Tramvay
Umbrella	Şemsiye

Vacation #2
Tatil #2

Airport	Havalimani
Beach	Plaj
Destination	Hedef
Foreign	Yabanci
Hotel	Otel
Island	Ada
Journey	Seyahat
Leisure	Boş
Map	Harita
Mountains	Dağlar
Passport	Pasaport
Photos	Fotoğraflar
Restaurant	Restoran
Sea	Deniz
Taxi	Taksi
Tent	Çadir
Train	Tren
Transportation	Taşimacilik
Visa	Vize

Vegetables
Sebzeler

Artichoke	Enginar
Broccoli	Brokoli
Carrot	Havuç
Cauliflower	Karnabahar
Celery	Kereviz
Cucumber	Salatalik
Eggplant	Patlican
Garlic	Sarimsak
Ginger	Zencefil
Mushroom	Mantar
Olive	Zeytin
Onion	Soğan
Parsley	Maydanoz
Pea	Bezelye
Pumpkin	Kabak
Radish	Turp
Salad	Salata
Spinach	Ispanak
Tomato	Domates
Turnip	Şalgam

Vehicles
Araçlar

Airplane	Uçak
Ambulance	Ambulans
Bicycle	Bisiklet
Boat	Bot
Bus	Otobüs
Car	Araba
Caravan	Kervan
Ferry	Feribot
Helicopter	Helikopter
Motor	Motor
Raft	Sal
Rocket	Roket
Submarine	Denizalti
Subway	Metro
Taxi	Taksi
Tires	Lastikler
Tractor	Traktör
Train	Tren
Truck	Kamyon
Van	Van

Virtues #1
Erdemler #1

Artistic	Sanatsal
Charming	Büyüleyici
Clean	Temiz
Curious	Merakli
Efficient	Verimli
Generous	Cömert
Good	İyi
Helpful	Yararli
Independent	Bağimsiz
Intelligent	Akilli
Modest	Mütevazi
Passionate	Tutkulu
Patient	Hasta
Practical	Pratik
Reliable	Güvenilir
Wise	Bilge

Visual Arts
Görsel Sanatlar

Architecture	Mimari
Artist	Sanatçi
Chalk	Tebeşir
Clay	Kil
Composition	Kompozisyon
Creativity	Yaraticilik
Easel	Şövale
Film	Film
Masterpiece	Başyapit
Painting	Boyama
Pen	Kalem
Perspective	Perspektif
Photograph	Fotoğraf
Portrait	Portre
Sculpture	Heykel
Stencil	Şablon
Wax	Balmumu

Water
Suçlu

Canal	Kanal
Evaporation	Buharlaşma
Flood	Sel
Frost	Don
Geyser	Gayzer
Hurricane	Kasirga
Ice	Buz
Irrigation	Sulama
Lake	Göl
Moisture	Nem
Monsoon	Muson
Ocean	Okyanus
Rain	Yağmur
River	Nehir
Shower	Duş
Snow	Kar
Steam	Buhar
Waves	Dalgalar

Weather
Hava

Atmosphere	Atmosfer
Breeze	Esinti
Climate	Iklim
Cloud	Bulut
Drought	Kuraklik
Dry	Kuru
Flood	Sel
Fog	Sis
Ice	Buz
Lightning	Yildirim
Monsoon	Muson
Polar	Kutup
Rainbow	Gökkuşaği
Sky	Gökyüzü
Storm	Firtina
Temperature	Sicaklik
Thunder	Gök Gürültüsü
Tornado	Kasirga
Tropical	Tropik
Wind	Rüzgâr

Congratulations

You made it!

We hope you enjoyed this book as much as we enjoyed making it. We do our best to make high quality games.
These puzzles are designed in a clever way for you to learn actively while having fun!

Did you love them?

A Simple Request

Our books exist thanks your reviews. Could you help us by leaving one now?

Here is a short link which will take you to your order review page:

BestBooksActivity.com/Review50

MONSTER CHALLENGE!

Challenge #1

Ready for Your Bonus Game? We use them all the time but they are not so easy to find. Here are **Synonyms**!

Note 5 words you discovered in each of the Puzzles noted below (#21, #36, #76) and try to find 2 synonyms for each word.

Note 5 Words from *Puzzle 21*

Words	Synonym 1	Synonym 2

Note 5 Words from *Puzzle 36*

Words	Synonym 1	Synonym 2

Note 5 Words from *Puzzle 76*

Words	Synonym 1	Synonym 2

Challenge #2

Now that you are warmed-up, note 5 words you discovered in each Puzzle noted below (#9, #17, #25) and try to find 2 antonyms for each word. How many lines can you do in 20 minutes?

Note 5 Words from **Puzzle 9**

Words	Antonym 1	Antonym 2

Note 5 Words from **Puzzle 17**

Words	Antonym 1	Antonym 2

Note 5 Words from **Puzzle 25**

Words	Antonym 1	Antonym 2

Challenge #3

Wonderful, this monster challenge is nothing to you!

Ready for the last one? Choose your 10 favorite words discovered in any of the Puzzles and note them below.

1.	6.
2.	7.
3.	8.
4.	9.
5.	10.

Now, using these words and within a maximum of six sentences, your challenge is to compose a text about a person, animal or place that you love!

Tip: You can use the last blank page of this book as a draft!

Your Writing:

Explore a Unique Store Set Up **FOR YOU!**

BestActivityBooks.com/TheStore

Designed for Entertainment!

Light Up Your Brain With Unique **Gift Ideas**.

Access **Surprising** And **Essential Supplies!**

CHECK OUT OUR MONTHLY SELECTION NOW!

- **Expertly Crafted Products** -

NOTEBOOK:

SEE YOU SOON!

Linguas Classics Team

www.ingramcontent.com/pod-product-compliance
Lightning Source LLC
LaVergne TN
LVHW060321080526
838202LV00053B/4383